문학의 쓸모

LA LITTERATURE, ÇA PAYE!

by Antoine COMPAGNON

ⓒ Editions des Equateurs / Humensis(Paris), 2024

Korean Translation Copyright ⓒ Mujintree Publishing Co, Ltd., 2025

All rights reserved.

This Korean edition was published by arrangement with Editions des Equateurs / Humensis(Paris) through Bestun Korea Agency Co., Seoul.

이 책의 한국어판 저작권은 베스툰 코리아 에이전시를 통해 저작권자와의 독점계약으로 (주)뮤진트리에 있습니다.
저작권법에 의해 한국 내에서 보호를 받는 저작물이므로 무단전제와 무단복제를 금합니다.

문학의 쓸모

**21세기 프랑스 대표적 지성의
문학을 대하는 현대적 방식**

앙투안 콩파뇽
김병욱 옮김

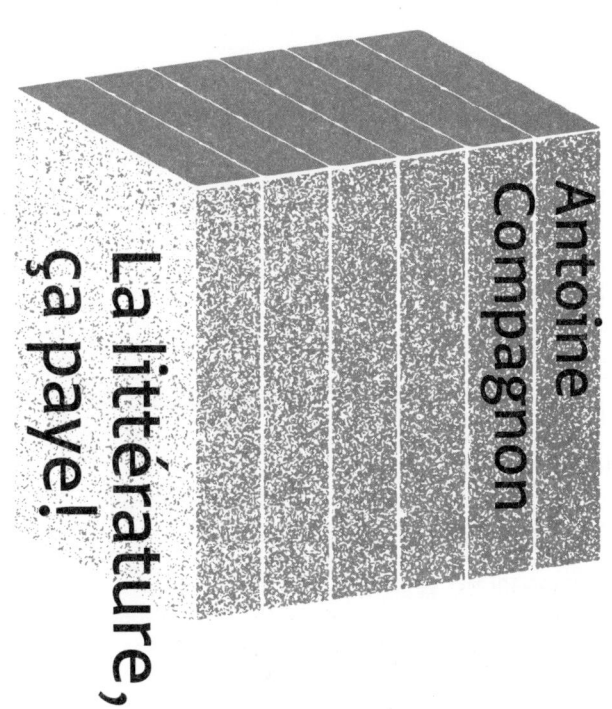

mujintree
뮤진트리

차례

013_ 시는 수익성이 가장 높은 예술이다
022_ 문화와 미용
032_ 길 건너가기
038_ 문학에 대한 욕구
048_ "진정한 삶, 그것이 문학이다"
057_ 오르니카르
062_ 고등교육사업
071_ "피아노를 배우세요, 컴퓨터 자판을 치는 데도 도움이 될 테니까!"
079_ 바쁜 사람들은 틀렸다
089_ 요령과 차별성
098_ 우리는 우리의 메리트를 가질 자격이 있는가?
108_ "자기 계급의 복수"를 한다는 것
117_ "야망은 꼬마 친구들의 악덕이 아니다"

122 _ 모두를 위한 문학

130 _ 레호보스 비치

136 _ 마법의 평행 육면체

150 _ 귀가 읽는다

163 _ 독서는 건강에도 이롭다

170 _ 자기 삶의 저자 되기

180 _ 문학은 어디나 있다

188 _ 시인들의 은혜

199 _ 마태 효과

210 _ 문학과 통계학

217 _ 놓친 기회

223 _ "염려 말아요, 우린 언제든 다시 만나게 될 테니까!"

229 _ 옮긴이의 말

- 일러두기

- 이 책은 《LA LITTERATURE, ÇA PAYE!》(Equateurs, 2024)를 우리말로 옮긴 것이다.
- 본문에 나오는 도서·영화의 제목은 원제목을 번역 표기하는 것을 원칙으로 하되, 국내에 번역 출간 및 소개된 작품은 그 제목을 따랐다.
- 본문 하단의 주註 중 옮긴이의 것은 (—옮긴이)로 표기했다.

프랑스의 대표적 지성이 얘기하는
종이책 문화의 현주소와 미래, 그리고 문학과 독서의 효용!

우리가 사는 이 '현대 세계'에서의 문학의 자리를 옹호하기 위해서, 나는 충격적인 슬로건을 골랐다. 깃발처럼 요란한, 공격적이고 전투적인, 약간은 도발적이기도 한 슬로건이다. 사실 내가 느끼기에, 우리 중 일부는 문학을 의심하고, 문학의 가치와 힘과 유용성, 그 미래를 의심하는 듯한데, 심지어는 동료 교수들, 동료 작가들, 나의 여러 독자 중에도 그런 이들이 있는 것 같다. 그들의 불신은 간단히 이렇게 요약할 수 있을 것이다. 문학은 돈이 안 돼, 옛날엔 몰라도 이제는 돈이 안 돼.

벌써 십여 년 전 일이지만, 리샤르 미예는 "문학의 빈곤화에 관한 시론"이라는 부제를 단 《유령 언어》(2012년)

를 펴낸 바 있다. 리샤르 미예는 은둔자이자 독자가 거의 없는 추방자지만, 문학의 상황에 대한 그의 비관적인 진단은 당시만 해도 급진적인 편이었으나, 지금은 많은 이들의 공감을 얻는 것 같다. 그는 왜 자신이 프랑스 문학이 몰락하고 있다고 보는지 설명하면서, 프랑스 문학의 종말을 예언했다. 프랑스 문학의 미국화와 상품화(그가 한 표현이다)를 고발했고, 상업적이지 않은 소설이 점점 더 적게 출판되고 시상식 시즌에 주로 판매된다고 주장했다. 리샤르 미예는 전작 《문학에 대한 환멸》(2007년)을 출간한 후 가진 한 인터뷰에서, "나는 내가 죽은 나라에 살고 있다는 것을 조금씩 깨닫게 되었다"라고 한탄한 뒤, 죽은 것은 바로 "문학적이고 보편적인 국가로서의 프랑스"라고 명시했다. 이 끔찍한 패배주의는 오늘날 널리 퍼져 있으며, 적어도 지배적인 게 분명하다. 하지만 나는 이에 굴복하길 거부한다.

얼마 전, 오랜 경력을 가진 친한 출판업자에게서, 자기 일의 관건은 예술과 돈인데 둘 사이의 균형을 맞추기가 참 쉽지 않다는 얘기를 들었다. 사실 '돈$_{argent}$'은 곧 '네가르$_{négart}$', 즉 예술의 부정이다.[1] 키케로에서부터 몽테뉴에 이르기까지 모든 고대 지혜와 인문주의 전통에서, 네고티움negotium(무역, 상업, 비지니스)이 문학적 여가otium litteratum, 공부하는 휴식otium studiosum, 신사의 평온otium cum dignitate을 가리키는 말 오티움otium의 부정인 것과 마찬가지다. 그렇다, 내가 얘기하려는 것은 문학의 비용과 이득에 대해서, 책과 돈의 관계에 대해서다.

시장 법칙이 지배하는 사회에서 우리는 필연적으로 이렇게 묻게 된다. 문학은 투자로서 어떤 가치가 있는가? 아니면 이렇게 물을 수도 있다. 우리가 독서에 투자해서 어떤 수익, 어떤 보상을 기대할 수 있는가? 사실 독서에는 시간이, 많은 시간이 들고, 글쓰기는 더욱더 그러하다. 한데 우리는 점점 더 시간을 절약하려 하고, 일을 빨리 처리하려 하고, 생산성을 개선하려고 한다.

"문학은 돈이 된다!" 요점만 간단히 말하면, 나는 이 슬로건을, 유통업자들은 크게 고려하지 않고, 다음 두 가지 방향으로 개진할 생각이다. 하나는 "그것이 저자에게 얼

---

1) argent(돈)의 철자 위치를 바꾸어 만든 아나그램 négart(neg+art)에서, neg는 '나는 부인한다'를 뜻하는 라틴어 nego에서 유래하는 접두어이다.(―옮긴이)

마나 수익이 되는가"이고, 다른 하나는 "그것이 독자에게는 또 얼마나 수익이 되는가"이다. 이를 위해 나는 여러 해 전부터 여러 가지 기회로 했던 강연들, 아테네에서 도쿄로, 아부다비에서 라바트로, 암스테르담에서 이스탄불로, 브뤼셀에서 빌니우스로, 베이루트에서 티미소아라로, 부카레스트에서 서울로, 부에노스아이레스에서 텔아비브로, 시카고에서 프라하로 등, 지구촌 곳곳으로 옮겨 다니며 했던 강연들을 모아볼 생각이다. 그 밖에도 프랑스 국립도서관·고등경제통상학교·국립고등교량도로학교·에콜 폴리테크니크에서 한 강연도 있고, 툴루즈·몽펠리에·낭트·스트라스부르에서 한 강연도 있으나, 이 책의 슬로건으로 삼은 강연을 할 기회를 가진 것은 2012년 9월 베르나르 라마낭소아의 초청으로 경영대학원인 HEC에서 개강을 맞이한 학생들을 대상으로 문학에 경의를 표하고 독서를 예찬하고자 한 강연이 유일한 것 같다. 그간의 생각들을 책으로 다듬을 기회를 준 모든 분께 감사드린다. 그분들께 미처 전하지 못했던 그 생각들이 이제야 이 책을 통해 정리되었다.

시는 수익성이 가장 높은 예술이다

아주 분명한 첫 번째 관점인 수익성, 즉 작가가 문학으로 벌어들이는 수익이라는 문제는 길게 얘기하지 않을 생각이다. 펜으로 생계를 유지하는 작가는 거의 없다. 좋게 말해서 그렇다. 사실, 다른 수입원이 없는 작가들 대부분은 입에 풀칠조차 하기 어렵기 때문이다. 예전에는 프루스트나 지드처럼 연금으로 사는 이들이 글을 썼다. 지금은 교수들, 기자들, 편집자(리샤르 미예도 오랫동안 편집자로 일했다)나 공무원 혹은 여타 월급쟁이들이 글을 쓴다. 문화부 장관의 의뢰로 브뤼노 라신이 2020년 1월에 제출한 보고서 〈작가와 창작 활동〉에 의하면, 최저임금의 절반 정도인 연간 9,000유로 이상의 인세 소득을 올린 작가는 15퍼센트뿐이다.

현재 서점에서 가장 많이 팔리는 시집이자 사람들 대부분이 19세기 시, 즉 프랑스 시 전체를 대표하는 시집으로 꼽는《악의 꽃》의 저자 보들레르는 신문 편집자들에게 작품 게재를 간청하고 어머니에게 수시로 도움을 요청하며 가난하게 살았다. 하지만 그가 평생을 문학에 투자하기로 한 것은 오판이 아니었다. 이미 1846년에 그는 이렇게 썼다. "시는 수익성이 가장 높은 예술이지만, 이 투자는 늦게 수익을 올린다. 대신 큰 수익이다." 이는 그가 〈문학청년들에게 주는 충고〉에서 하는 말이다. 당시 보들레르는 겨우 스물다섯 살이었지만, 문학이라는 직업에 따르는 위험을 잘 알고서, 어른스럽게도 후배들을 좀 보살펴주어야겠다고 느낀다. 물론 이런 그의 생각에 아이러니가 없는 건 아니나, 어쨌든 이는 현대의 문학 체제에 대한 그의 명철한 의식을 잘 보여준다.

이 시인은 작은 신문과 잡지에 겨우겨우 원고를 게재하곤 하던 그런 거래에 기대어, 보헤미안의 삶, 저주받은 예술가의 삶을 극도의 궁핍 속에서 근근이 이어갔던 것 같다. 그는 끊임없이 돈을 꾸러 다니고 소리소문없이 셋방을 옮겨 다니며 살았다. 그의 삶은 마지막까지 재정적으로 절망적이었고 불안정의 표본이었다. 어렵사리 시나 글 하나가 게재되더라도 그에게 돈이 되어주지 않았다. 빚을 청산하여 클리쉬 거리의 교도소에 수용되는 신세를 면하는 데 쓰였기 때문이다.

그렇다, 저주는 다름이 아니라 너무 늦게 돈이 되었다는 것, 사후 50여 년이 지나서야, 즉 《악의 꽃》이 고전이 되고 나서야 보상이 되었다는 것이다. 여러분 거의 모두가 고등학교 때 공부했던 그의 시집, 그 시집으로 그가 벌게 되었을 인세 수입을 상상해보라. 그가 아직 살아 있고, 그가 실제로 불멸하는 존재가 되어 그것을 계속 누릴 수 있었다면 어땠을지, 아니면 그의 사후 판매 부수를 고려하여 생전에 보상해주는 '선급금' 제도가 있었다면 어땠을지 말이다. 어쩌면 여러분은 이렇게 말할지도 모른다. 그가 좀 더 편하게 살았다면 《악의 꽃》을 쓰지 않았을 거라고. 예술가들을 너무 기능적으로 만드는 것이 좋지 않은 건 그래서다. 보들레르의 경우는 인간의 궁핍이 위대한 작품의 조건이지 않았을까?

나는 메모철에서 탄원서 하나를 꺼내 본다. '도서 체인 종사자' 451인이 서명한 것으로, 2012년 9월 6일자 〈르몽드〉에 실린 "상품화의 덫에 걸린 책"이라는 글이다. 문구가 설득력이 있어서 '도서 체인'에서 일하는 사람들, 작가들을 옭아매는 속박을 엿볼 수 있게 해준다. 이 451인의 종사자들은 이렇게 항의했다. "도서 산업 대부분은 많은 노동자가 필요성이나 열정, 또는 정치적 참여를 위해 받아들이는 불안정한 삶 덕분에 영위된다. 그들이 세상에 대한 우리의 관점을 바꿀 수 있는 생각이나 이미지를 전파하려고 애쓰는 동안, 다른 사람들은 책이 상당한 수익을 챙길 수 있는 하나의 상품임을 잘 이해했다."

한편에 도서 노동자들이 있고, 다른 한편에 거대 출판 자본가들이 있다. 생트뵈브는 광고나 연재물이 실리는 대량 발행 언론들이 등장한 직후인 1839년에 이미 '산업 문학'을 거론했다. 나는 지금 이 글을 쓰는 2024년 3월 이번 주 라디오 방송에서, 두 명의 작가가 시장 조사 전문 기업인 GfK 집계 베스트셀러 순위에서 상위 네 자리를 차지했다는 소식을 들었다(〈프랑스 퀄튀르〉 방송의 2024년 3월 17일자 프로그램 "소프트파워"). 그렇다, 문학은 판매 수치가 가치를 매기는 시장이다.

2012년에 도서 체인 종사자들이 경고의 외침을 날린 후, 브뤼노 라신은 2020년의 보고서에서 작가들의 "경제적·사회적 상황 악화"를 지적하고 개혁을 권고하며, 국가가 중재자 역할을 할 것과 더 나아가 작가의 "사회적 지위"에 관한 법규를 제정해야 한다고 제안했다. 하지만 이 보고서는 어떤 후속 조치도 얻지 못했으며, 이런 회색 문건의 흔한 운명대로, 눈에 띄지도 알려지지도 않은 채 매장되고 말았다. 나는 이런 문제에 대해 불평을 많이 하는 편이 아니다. 친구인 브뤼노 라신(그는 5년간 내가 소속된 고등교육위원회 의장을 맡았으며, 2020년의 보고서와 같은 운명을 맞이한 다른 많은 보고서를 제출했다)처럼 정부 고위직도 아니고, 기질이나 규율 준수 면에서 비교적 자유를 중시하는 편이라 시민 사회에 국가가 개입하는 것을 경계하며, 게다가 이미 아제사$_{Agessa}$[2)]와 우르사프 리무쟁$_{Urssaf\ Limousin}$[3)] 사태(작가의 사회 안전 보장 문제) 때 대혼란을 경험한 바도 있어, 서류 절차가 더 번거로운 작가의 사회적 지위 문제

---

2) '작가사회보장협회(L'Association pour la gestion de la securite sociale des auteurs)'의 약칭.(—옮긴이)
3) 분담금 징수 및 사회보장 환급금 관리 기구.(—옮긴이)

가 나에게는 두려움이 앞서는 일이다.

2024년, 출판계의 대이동 사이클이 마무리되면서, 아셰트 리브르와 에디티스 소유 출판사들이 재분산되고, 볼로레·라가르데르·크레틴스키가 서로 실랑이를 벌이고 있다. 덩달아 편집자들도 알뱅 미셸에서 플롱으로, 파야르에서 플라마리옹으로, 플롱에서 파야르로, 갈리마르에서 쇠이유로 이동했다. 그들이 에릭 제무르를 지키기 위해, 혹은 조르당 바르델라를 얻기 위해 서로 다투는 동안, 다른 작가 대부분은 쓸모없는 사람 취급당하며 작가 생활을 해나간다.

2024년 2월, "저자와 출판사 간의 가치 공유"에 관한 프랑스 출판협회(SNE)의 맥빠지게 하는 보고서가 작가들의 화를 돋우었다. 보도자료가 발표되기 전까지는 얘기를 들을 기회조차 거의 없었던 작가상임위원회(CPE)의 말에 따르면, 출판협회의 보고서는 "작가들이 모두 만족스러운 보수를 누리고 있는 듯한 느낌을 준다." 그 보고서는 작가들이 세전 도서 정가의 12.5퍼센트에 가까운 돈을 받는다고 주장하는데, 그 정도 인세를 받거나 그 이상으로 받는 이들은 베스트셀러 작가들뿐이다(2024년 2월 17일자 〈르 몽드〉). 일반 대중으로서는—상당수 열성 독자들을 포함하여—종종 되풀이되는 양측 분쟁의 자세한 내막을 다 파악하기 어렵지만, 넝마주이들처럼 서로 다투는 걸 보니 거기에 나누어야 할 케이크가 있는 것 같고, 작가들이 점점 더 부스러기만 주워 먹는 콘텐츠 납품업자 취급을 받고 있다는 것 정도는 알 수 있다.

문학과 별 상관이 없는 이런 쓸데없는 전쟁에 대해서는 더 길게 얘기할 생각이 없다. 아폴리네르의 《알코올》같은 오늘날의 베스트셀러, 《악의 꽃》과 더불어 장기간 가장 많이 팔린 이 시집은 1913년 메르퀴르 드 프랑스에서 처음 출판되었을 때 200부도 채 팔리지 않았으며, 라 누벨 르 뷔 프랑세즈 출판사에서 인수했을 때인 1920년까지도 재고가 거의 그대로 쌓여 있었다. 문학에 관한 한, '도서 체인'이니 '금주의 베스트셀러'니 하는 것을 떠나서, 이 시대 재정의 단기 성과주의보다는 장기 성과주의를 선호하는 게 맞는 것 같다. 한데 우리 시대, 단기 성과를 대단히 중시하는 이 시대는 두 자릿수의 연간 수익률, 신속한 투자 성과를 목표로 하며, 모든 것을 당장 얻고자 한다. 독서·문학·글쓰기는 느림을 필요로 하나, 디지털 기술은 속도에 대한 요구를 더욱 증가시켰다. 그래서 그것들은 이 시대와 화합하기가 어렵다.

에밀 졸라의 말을 떠올려보자. 그의 소설 《목로주점》이 대중을 즐겁게 해주어서 많이 팔렸다며 일부 불평꾼 비평가들이 비난하자, 그는 그들에게 이렇게 말했다. "잘 팔린다는 건 나쁜 징조다!" 이런 생각이 시대 정신과 불편한 관계인 현대 예술가의 신조인 것 같다. 작가에게 돈을 벌어다 주고, 서점에서 성공하면, 한마디로 돈벌이가 되면, 뭔가 의심스럽다는 얘기다. 이는 곧 유행을 따른다는 뜻이요, 다음 시즌에는 팔리지 않으리란 걸 의미하기 때문이다. 책의 미래 삶은 현재의 삶과 역逆의 관계에 있는지도 모른다. 물론 현재의 실패가 모두 미래의 수익성을 가리키는 지표인 건 아니지만(보들레르의 선언 "아름다운 것은 늘 괴상하다"가 괴상한 것은 늘 아름답다는 걸 의미하지 않듯이), 현재의 성공이 후대를 보장하는 일도 그에 못지않게 드물다. 이는 문학을 특징짓는 하나의 현대적 특성이다.

별 변화 없이 똑같은 것을 거듭 재탕하는 '산업 문학'에 속하는 작품이 아닌 한, 문학 작품은 모두 하나하나가 다 복제할 수 없는 원형이며, 이점이 예술과 '네가르'의 관계,

문학과 상업의 관계를 어렵게 만들고, '도서 체인'에서의 과잉 생산을 설명해준다. 우리는 말을 떼로 출발선에 세운다. 어느 말이 결승선에 도달할지 모르기 때문이다.

문화와 미용

비극은, 물건을 시리즈로 생산하면 비용이 줄어들지만, 늘 원형을 만든다는 건 시간이 많이 든다는 데 있다. 교육과 문화 전반과 같이, 노동이 곧 핵심 인풋input인 모든 활동에서와 마찬가지로, 문학에서는 생산성 향상이라는 걸 생각하기 어렵다. 21세기에 어린아이에게 읽기를 가르치려면 고대 때만큼 오랜 시간이 걸리며(통합 교수법이 먹히지 않았다), 이 느림은 혁신과 성장의 지배력이 점점 더 커지는 세계에서는 비극적인 것이 된다.

수년 전에 작고한 미국의 경제학자 윌리엄 보몰은 1960년대에 경제 활동의 특정 부문에 나타나는 비용 상승의 불가피성, 즉 그가 비용 질병cost disease이라고 명명한 현상을 연구했다. 그가 처음에 뉴욕시의 문화 비용에 관심을 가진 것은 통제할 수 없는 예산 증가를 우려한 뉴욕 시의회의 요청에 따른 것이었다. 보몰은 베토벤 교향곡을 현대 콘서트홀에서 공연하려면 이 작품이 만들어진 18세기 말의 초연 때와 마찬가지로 많은 리허설이 필요하다는 점을 주지시키기만 했다. 문화 부문에서는 비용을 줄일 수 있는 부분이 거의 없으며, 따라서 자금을 생활비의 지속적인 상승에 맞춰 조달해야 한다.

생산성 향상이 미미하거나 전혀 없는 활동 분야에서 임금은 다른 분야에 비해 물론 낮지만, 뉴욕 필하모닉 오케스트라의 연주자들이 18세기 때의 임금으로 먹거리를 사고 옷을 사 입으며 자신들의 노동력을 재생산할 수는 없을 것이다. 그래서 그들의 보수는 기술적 진보를 통해 생산성 향상을 달성한 다른 영역의 보수와 점진적으로 맞춰진다. 이러한 상황은 결국 오페라와 연극뿐만 아니라 출판과 도서 부문 등, 문화 비용이 점점 더 비싸지는 결과를 낳는다.

이런 관점에서 나는 문화를 미용에 비유하고 싶다. 미용도 생산성 향상이 없는 직업이다. 결과는 같다. 빨리 작업한다는 건 곧 엉터리로 한다는 거다! 품질을 유지하면서 시간을 절약하는 방법은 없다. 남성 미용에서 이룬 마지막 진보는 손가위를 전기이발기로 대체한 것이었고, 같은 시기에 세르장 마조르 펜도 볼펜으로 대체되었다(우리 학창 시절에는 학교에서 볼펜 사용이 허용되지 않았다). 담배꽁초를 입에 물고 술 냄새를 풍기며 목덜미의 머리카락을 집던 예술가의 손가락 느낌을 나는 지금도 생생하게 기억한다. 전기이발기의 등장은 생산성 면에서만이 아니라 편의성 면에서도 진보였다. 그 후 어떤 진보도 없었으나 머리 자르는 데 드는 비용은 해마다 늘어나고 있다. 하지만 잘라야 할 머리카락은 늘 있을 것이기에 미용사는 앞으로도 늘 있을 것이다(최근 파리 거리에 군대식으로 머리를 깎아주는 이발사들이 많아지기는 했지만). 비유는 이 정도만 하자. 비용 질병이 엄두를 못 낼 지경에 이르더라도 계속 문화를 찾는 고객이 있을까? 모든 연령대를 위한 '문화 패스' 카드가 없어져도 계속 극장이나 오페라를 찾는 관객이 있고 책을 읽으려는 독자가 있을까? 이런, 우리마저 리샤르 미예처럼 되진 말자.

그러므로 퇴고를 많이 하기로 유명했던 플로베르의 시대나 지금이나 좋은 소설을 쓰는 데 걸리는 시간은 다를 게 없다. 일부 작가는 워드 프로세서로 작성한 소설은 문학이 아니라고 주장한다. 문학은 손으로 써야 한다는 것이다. 필리프 솔레르스는 이 견해를 지지했지만, 이브 본푸아는 콜레주 드 프랑스[4]에서 퇴임한 후 생의 마지막 20년을 컴퓨터 키보드 앞에서 보냈다. 그는 누가 이메일을 보내면 즉시 답장을 쓰곤 했다. 처음에는 피에르 노라도 워드 프로세서로 작성한 원고를 보면, 형태가 없고, 부풀어 오르고, 물이 뚝뚝 떨어지는 것 같아서 느낌이 온다고 말하곤 했다. 그런 원고들엔 툭 불거지는 것들이 많아 디스포지티오dispositio, 즉 논설에 구조를 부여하는 수사학의 두 번째 부분이 없다는 것이다. 나는 그에게 괴물 같은 텍스트는 늘 있었고, 때로는 그런 텍스트가 가장 창의적이었다고 반론을 펴곤 했다.

기술 진보가 이루어질 때마다 듣게 되는 이런 추론을

---

[4] Collège de France. 1530년 프랑수아 1세가 창설한 고등연구교육기관이다. 콜레주 드 프랑스의 교수로 선출된다는 것은 곧 프랑스 고등교육에서 가장 높은 영예를 지닌 자리에 오르는 것을 의미한다.(—옮긴이)

경계하자. 예를 들면, 유럽 초등 교육의 민주화를 이룩한 인류의 가장 위대한 발명품 중 하나인 철제 펜이 1830년에 영국에서 보급되었을 때도 그랬다. 철제 펜이 없었다면 1833년의 기조 법[5]도 없었을 것이고, 그 뒤의 쥘 페리 법[6]도 없었을 것이다. 한데 당시의 거의 모든 작가는 이 철제 펜을 거부했다. 그것을 회계사의 도구로 취급했고 그것이 아름다운 문체를 망가뜨릴 거라고 의심했다. 깃털 펜을 다듬기 위해 간간이 멈추는 일이 없다면 생각 없이 글을 쓰게 되리라고 말이다.

샤토브리앙도, 위고도, 플로베르도, 보들레르도 철제 펜으로 전향하지 않았다. 알렉상드르 뒤마만이 자신의 아틀리에에서 일하는 '대필 작가들'의 작업을 위해 철제 펜을 채택했다. 1836년에 쥘 자넹은 동료들의 불만을 이렇게 조롱했다. "그렇다, 철제 펜은 수치다. 그것은 불명예요,

---

[5] 프랑스의 사학자이자 정치인인 프랑수아 기조François Guizot는 공교육 장관으로 재직 시 각 코뮌에는 초등학교를, 각 데파르트망에는 초등사범학교를 설립할 것을 요구하여 프랑스 교육사에서 중요한 역할을 했다.(―옮긴이)
[6] 프랑스의 정치인인 쥘 페리Jules Ferry는 1879~1883년 동안 교육부와 문화부 장관을 역임하면서 의무교육과 무상교육을 되살리는 여러 법령을 발의했다.(―옮긴이)

현대 사회의 재앙이다. 분명히 말해두지만, 이 세상은 증기 때문에, 수소 가스 때문에 죽지 않을 것이다. 애드벌룬 때문에, 헌법 헌장 때문에, 철도 때문에 죽지 않을 것이다. 이 세상은 철제 펜 때문에 죽을 것이다." 하지만 문학은 물론 세상은 철제 펜 이후에도 살아남았다. 만년필 이후에도, 기계식 타자기, 전기 타자기 이후에도 살아남았다. 나는 워드 프로세서 이후에도 살아남으리라고 생각한다.

하지만 볼펜과 워드 프로세서가 글을 더 빨리 쓰게 해주고 작가의 수익을 높여줄 거라는 생각은 하지 마시라. 사실은 정반대다! 우선, 작가들은 2~3년마다 새 컴퓨터를 장만해야 하는데, 출판협회는 작가들의 소득을 계산할 때 이 감가상각비는 고려하지 않는다. 다음으로, 나의 경우 워드 프로세서로 작업을 하면 끊임없이 글을 다시 읽고, 수정하고, 단어를 바꾸고, 문장을 뒤집고, 부사 위치를 바꾸고, 단락을 이동한다. 균형점에 도달하고, 완성을 확신하고, 마침내 휴식을 취하기까지, 조작이 편해진 만큼 더 많은 단계가 필요하다. 프루스트가 워드 프로세서를 알았다면 작업을 영원히 마무리하지 못했을 것이다.

아니, 그게 아니다! 그는 작업을 마무리한 적이 없다.

워드 프로세서를 발명했기 때문이다. 그의 노트들, 여백에 추가한 글들, 페이지 옆면에 덧붙인 쪽지들, 페이지들 사이에 접혀 있는 종이가 가득한 그의 노트들을 한번 보기만 해도 알 수 있다. 워드 프로세서는 컴퓨터와 함께 탄생한 게 아니다. 컴퓨터는 다만 그것을 최대한 많은 사람이 이용할 수 있게 해주었을 뿐이다. 그것은 탈무드, 토마스 아퀴나스의 《신학대전》처럼, 성경을 해설한 유대교와 기독교 주석가들, 몽테뉴, 세르반테스, 프루스트, 조이스, 셀린 등, 위대한 작가들이 수 세기 전부터 각자 자신의 방식으로 다듬어 온, 수사학에서 해방된 하나의 작문 프로토콜이다.

우리가 작가에게서 기대할 수 있는 유일한 생산성 향상은 책을 덜 읽는 것, 독서를 줄여 시간을 버는 것이다. 작가의 속도를 늦추는 것이 독서이기 때문인데, 그러나 작가를 만드는 것도 바로 독서다. 요즘 작가들이 과거보다 책을 덜 읽을 수는 있다. 실제로 그런 것 같기도 하다. 우리 모두와 마찬가지로 그들도 다른 할 일이 너무 많기 때문이다. 하지만 책을 덜 읽는 작가, 거의 읽지 않거나 더는 읽지 않는 작가가 대체 뭐란 말인가? 작가는 본질상 독자이며, 책은 다른 책들과 독서를 통해 만들어진다(이는 내가 1979년에 출간한 첫 번째 논문인 《두 번째 손》에서 주장한 내용으로, 50년이 지난 지금도 이 생각에는 변함이 없다). 작가가 더는 열성 독자, 광적 독자, 미친 독자가 아닐 때, 문학이라는 게 과연 무엇이 될지 궁금하다.

앞으로도 계속 이 문제로 되돌아올 테지만, 의심의 여지 없이 결국 빗장은 바로 독서에 있다. 이 문제에서 우리가 기대할 수 있는 생산성 향상은 없다. 어제도 그랬고 앞으로도 영원히 없을 것이며, 이것이 바로 독서를 오늘날 가장 취약한 활동으로 만든다.

"문학은 돈이 된다!"에서, 이 말의 첫 번째 의미(작가에게 돈이 된다는)와 관련하여, 주문(집필 요청)이라든가 계약, 선수금, 인세 등 다루어봐야 할 중요한 문제들이 많이 있을 것이다. 다른 지면에서 이에 관해 얘기할 기회가 있었다. 지금 쓰는 이 페이지를 매듭짓기로 한 바로 그 시점에 나는 롤랑 바르트가 주문을 받았을 때 보이던 기이한 행동에 관한 글을 한 편 마무리했다.

그 밖에도, 저작권자, 퍼블릭 도메인, 자유 유통 문제, 상속인들이 원고를 쌓아둔다거나, 지적 저작물을 무상 배포하는 문제 등도 거론해 보아야 할 것이다. 또한 최근에 거론되는 과세 문제인 중고책의 재판매권 문제도 있다. 이 모든 문제가 다 중요하다. 프랑스에서는 폴-루 슐리처, 마르크 레비, 기욤 뮈소, 조엘 디케르 등, 늘 같은 이름 몇에 국한되는 얘기지만 한편에 돈벌이가 되는 문학이 있고, 다른 한편에 그런 문학을 뜯어먹고 산다고들 하는 다른 문학이 있다. 출판사들이 양쪽을 조절하여 결과의 균형을 잡아나가기 때문이다. 지난 4월에 열린 파리도서전에서 사인을 받으려는 구매자들, 특히 여성 구매자들의 대기 줄이 가장 길었던 곳은 '뉴 로맨스' 쪽이었다.

이런 자료들은 참고용으로만 인용할 생각이다. 이 책에서 내가 다루려는 주제는 아니기 때문이다. 인공지능의 강력한 부상과 그것이 도서 시장을 뒤흔들 위험성에 관한 문제도 마찬가지다. '산업 문학'이나 '달콤한 문학', 또는 틀에 박힌 것들을 원하는 대로 ad libitum 재조합한 초超 코드화된 '장르 문학'은 조만간 인간의 기여 없이 생산될 것이다. 그것들은 여전히 대중을 즐겁게 해주겠지만, '뉴 로맨스' 소설 팬들은 내일의 문학 살롱이나 도서전에서 더는 저자의 서명을 받을 수 없을 것이다. 다른 문학은 어떻게 될까? 장인이 만드는, 한가로운, 태평스러운, 비생산적인, 반동적인 다른 문학은? 1936년에 앙드레 지드는 모스크바 학생들에게 이렇게 말했다. "나는 늘 앞으로 올 세대를 위해 글을 썼다." 그들이 앞으로도 늘 올 거라고 생각하자.

길 건너가기

"문학은 돈이 된다!"(이 신조를 이미지와 결합하여 '뉴 로맨스'에 맞서는 새로운 '문예 부흥'의 상징으로 삼으면 좋을 것 같다)라는 슬로건을 내세운 이 책에서 내가 주로 관심을 기울이는 두 번째 관점, 그것은 바로 독자의 관점, 즉 문학이 작가가 아니라 독자에게, '독서가liseur'에게 해주는 보상이라는 관점이다(알베르 티보데는 책에 파묻혀 사는 사람들을 가리키는 말로 이 '독서가'라는 표현을 선호했다). 독자가 얻는 수익 역시 장기적인 투자요 늦게 거두는 소득이다. 문학은, 사후에도 명성을 떨칠 수 있는 작가에게만이 아니라, 독자에게도 늦게 돈이 된다. 그에게도 돈이 된다곤 하나, 독자가 자신이 한 독서의 사후 배당금까지 챙길 수는 없을 것 같다. 문학이, 몽테뉴가 철학을 두고 말했듯, "죽는 법을 배우는" 데는 도움이 될지 몰라도 말이다. 작가와는 달리, 독자의 경우 수익은 늘 현생에서 끝난다.

소설가 필립 지앙은 로르 아들러와 가진 〈프랑스 퀼튀르〉 방송 인터뷰(2012년 8월 30일자 "오르 샹Hors-champs")에서, 문학의 유용성에 대한 자기 생각을 이렇게 털어놓았다.

- 어디에 쓰이느냐고요? (…) 나는 인기 있는 작가가 되고 싶습니다. 그렇지 않으면 내가 쓸데없는 짓을 하는 거니까요.
- 삶에 꼭 유익해야 할 필요는 없을 것 같은데요.
- 그건 큰 논란거리죠. 나는 작가란 뭔가에 도움이 되어야 한다고 생각합니다. 그저 미적 감동만 일깨워줄 게 아니란 겁니다. 그건 아무짝에도 쓸모없어요. 아니, 시간을 보내는 데 도움이 되긴 하죠. 소파에 앉아, 이를테면 프루스트의 책을 펼쳐 들고서 말입니다. 나도 다른 사람들처럼 프루스트를 좋아합니다. 아름답죠, 한데 그게 지금 나에게 어떤 도움이 될까요? 없어요. 프루스트는 내가 길 건너가는 걸 도와주지 않아요. 오늘날의 작가는 여러

분이 길 건너가는 걸 도와주어야 한다고 생각해요. (…) 길을 건너간다는 것, 그 말의 의미는 당신이 어떤 작가의 책을 읽은 후에는, 길을 건너갈 때, 프루스트만 읽는 사람과 같은 방식으로 건너가지 않는다는 뜻입니다.

이 선언은 매우 중요하고 앞으로 살펴보아야 할 많은 생각을 담고 있는 것 같다. 먼저, 뭔가에 쓸모가 있으려면 '인기 작가'가 되어야 한다는 얘기부터 살펴보자. 이는 다시 말해, '인기 없는 작가', 책이 안 팔리거나 거의 팔리지 않는 작가는 아무 쓸모가 없다는 얘기다. 지앙은 문학의 유용성을 주장하지만, 그 유용성은 판매에 비례하는 유용성이다.

다음으로, '미적 감동'이 아무 쓸모가 없다는 말. 그런 건 한가로운 사람, 연금생활자, 은퇴자 들에게나 좋다는 얘기다. 지앙의 견해에 따르면, 문학은 실용적 유용성이 있어야 한다. 길을 건너가는 데, 말하자면 인생을 건너가는 데 도움이 되어야 한다. 여기서 나는 보들레르의 산문시 〈후광의 상실〉을 떠올린다. 시인이 대로변 길 한 귀퉁이에서 비틀거리다가 후광을 진창에 빠트리고 만다. 이는 현대 사회에서의 시인의 사회적 지위에 대한 알레고리다. 《파리의 우울》에 실린 다른 시에서는, "끔찍한 삶! 끔찍한 도시!"라고 외친다. 파리에는 유명한 교차로가 하나 있다. "깔려 죽은 자들의 교차로"라고 불리는 몽마르트르 대로의 교차로, 몽마르트르 가와 포부르-몽마르트르 가가 교차하는 교통 체증이 심한 사거리다. 보들레르의 시인은 바로 거기에서 후광을 잃어버린 것 같다. 길을 건너가는 데 도움이 되었을 인기 작가들의 유익한 책을 많이 읽지 않아서 말이다. 책이 길을 건너가는 데, 도시를 가로지르는 데, 보도에서 나동그라져 행인들의 비웃음을 사지 않고 생을 가로지르는 데 도움이 된다는 건 좋은 일이다. 사실 홉스·스탕달·보들레르·베르그송 등이 우리에게 가르쳐주었듯이, 남자나 여자가 길에서 나자빠지는 건 보는 이의 웃음을 자아낸다.

그리고 프루스트, 아무짝에도 쓸모없는 작가의 전형으로 거론된 프루스트 얘기도 살펴보자. 그는 세상으로부터 고립된 채 코르크로 뒤덮인 자신의 방에 은둔하여 살았는데, 그처럼 우리도 소파에 틀어박혀 읽으면 그의 작품은 분명 우리에게 미적 감동을 준다. 하지만 코를 집 밖으로 내미는 순간, 길을 건너가야 하는 순간부터 프루스트는 아무짝에도 쓸모없는 작가다. "프루스트는 내가 길을 건너가는 데 도움이 되지 않아요. 실생활에서 내게 뭔가 가르쳐준 게 없어요."

그러니까 한편에 소파가 있고, 다른 편에 거리가 있다. 그리고 양쪽을 결합할 방도는 없다. 《잃어버린 시간을 찾아서》의 주인공은 《되찾은 시간》의 도입부에서, 메제글리즈 쪽, 즉 스완네 집 쪽에서 게르망트 쪽으로 건너가는 우회로를 마침내 발견하지만 말이다. 그렇다, 지앙이 아는 프루스트에게서는 양쪽이 통하지 않는다, 소파와 거리, 둘 사이의 경계는 물샐틈없다.

지앙이 다른 사람들처럼 좋아하는 프루스트(대부분은 그의 책을 만지지도 읽지도 않고, 멀리서 그를 좋아한다), 그러니까 프루스트는 그에게 아무런 도움도 되지 않았다. 어쨌든 오늘을 살아가는 데는, 삶이라는 이 깔려 죽은 자들의 교차로를 살아서 건너가는 데는 그랬다. 계속해서 지앙은, 프루스트는 그에게 아무 도움이 되지 않지만, 레이먼드 카버는 그에게 뭔가 도움이 되었다고, 셀린도 그랬다고 말을 잇는다. 양쪽을 그렇게 다르게 평가하는 이유는 무엇일까? 카버의 글들은 의심의 여지 없이 짧고 빨리 읽히기 때문이다. 그는 단편 소설 작가 아닌가. 셀린도 분명 빨리 읽혀서다. 짧은 문장들을, 그마저도 말 줄임표로 단축해서 쓰기 때문이다. 그들과는 시간을 허비할 일도 소파에서 잠들 일도 없다. 한편에 프루스트와 소파, 졸음, 낮잠, 예술을 위한 예술, 고치 속의 삶이 있다. 다른 편에 카버, 셀린, 거리, 분주한 삶, 문체의 '정서적 지하철'이 있다. 카버나 셀린을 읽는 게 프루스트를 읽는 것보다 더 많이 남는다. 돈을 더 빨리 벌 수 있고 투자금 회수도 더 빠를 것이다.

그래서? 문학은 쓸모가 있는가, 없는가? 뭔가에, 길을 건너가는 데, 인생을 가로지르는 데 도움이 되는 책이 있고, 아무짝에도 쓸모없는 책이 있는 건가? 무용한 책, 아무 쓸모 없는 책을 대표하는 프루스트의 《잃어버린 시간을 찾아서》 같은?

문학에 대한 욕구

문학은 무엇에 쓰이는가? 도덕군자들은 이런 질문에 깜짝 놀란다. 그들은 문학은 무엇에 쓰이는 게 아니라고, 그래서 아주 좋은 거라고 이구동성으로 대답한다. 문학은 무상이요, 문학은 은혜로우며, 그래서 우리는 그것을 삶을 사는 이유로 삼는 거라고. 점점 더 실용주의적이 되어가는 이 세계, 점점 더 물질주의적이 되어가는 우리 삶에, 전혀 쓸모없는 것이 있다는 건 좋은 일이다. 우리는 그런 것을 보존하고, 살리고, 소중히 가꿔야 한다는 것. 이것이 바로 부르주아의 실용주의, 물질주의, 실증주의, 자본주의, 결정론, 미국주의에 대비되는 예술에 대한 현대적 관념, 즉 19세기 중반 이후, 플로베르·보들레르 이후, 피에르 부르디외가 "예술의 자율화"라고 부른 시기가 시작된 이후 자리 잡은, 소위 예술을 위한 예술이라는 관념이다.

물론 보들레르는 책도 거의 내지 않았고, 신문사 편집자들과 부딪치며 망친 삶을 힘겹게 끌고 다닌 저주받은 예술가의 전형이다. 하지만 1848년 혁명 전에, 나중에 그가 말하듯 그를 '탈정치화'시킨 1851년 쿠데타 이전에 쓴 그의 〈살롱 1846년〉은 '부르주아들에게' 바치는 헌사로 시작된다. 일견 보들레르는 마치 공모자들에게 하는 듯한 어조로 말하며 그들에게 봉사를 자처하고 나선다.

> (…) 여러분에겐 예술이 필요합니다.
> 예술은 무한히 소중한 재화요, 위장과 정신의 자연스러운 이상적 균형을 잡아주는, 머리를 맑게 해주고 몸을 따뜻하게 해주는 음료입니다. 오, 부르주아 여러분, ─ 입법자나 상인 여러분, ─ 저녁 7시나 8시가 되어 여러분의 지친 머리를 벽난로의 잉걸불 쪽으로 기울이거나 소파의 귀퉁이에 기대면 예술이 얼마나 유용한지 깨닫게 될 것입니다.

보들레르는 서슴없이 광고하며 부르주아들에게 예술을

팔고자 했다. 사실 우리는 그가 부르주아들을 상대로 웃지 않고 하는 이 농담이 진심으로 하는 말인지, 아니면 조롱 삼아 하는 말인지 결코 확실히 알 수 없다. 섣불리 판단하기가 망설여진다. 그의 아이러니는 작품 전체에 산재해 있고, 언제나 그렇듯 그의 진정성은 확인하기 쉽지 않기 때문이다. 하지만 지앙이 말한 소파는 그 양쪽 귀퉁이와 함께, 이미 여기, 벽난로 옆에 등장하고 있다. 소파에서의 독서는 부르주아들이 즐기는 여가의 상징일 것이다. 프롤레타리아들에게는 소파가 없고, 등받이 없는 걸상이나 기껏해야 의자만 있기 때문이다. 부르주아들의 독서는 지하철 안에 서서, 혹은 RER(고속철) 난간을 붙잡고 책을 읽는 노동계층의 독서와 대비될 것이다. 하지만 우리는 해변에서도 읽고, 걸으면서도 읽고 ― 길 건너가는 데 도움이 되는 책을 읽더라도 길을 건널 때는 조심해야 한다 ―, 물론 침대에서도 읽는다. 지앙은 프루스트를 소파와 결부시키지만, 사실 《잃어버린 시간을 찾아서》의 주인공은 침대에서 시간을 보낸다. 더구나 그의 이야기는 그의 두 눈을 눌러 감긴 책이 그 자신인 양 착각하며 한밤중에 잠에서 깨어나는 얘기로 시작된다.

그러나 알만한 사람들은 당시, 그러니까 1846년까지만 해도, 좀 모호한 유토피아적 사회주의자였던 보들레르가 예술이 부르주아들의 벽과 선반에 놓일 수 있다고, 부르주아라고 해서 그림과 시에 무감각한 건 아니라고 믿었다고 생각한다. 그는 욕구, 음료, 위장을 거론한다. 예술은 식욕이나 잠처럼, 인간 존재의 자연적 욕구에 응답하는 거라는 얘기다. 1846년의 보들레르에게, 인간은 생물학적으로나 생리학적으로나 예술이 없어서는 안 될 동물이다.

하지만 이것이 그리 자명하지 않다는 데 유의하자. 예컨대 발레리는 이와 정반대되는 주장을 폈던 것 같다. 예술은 인간의 자연적 욕구가 아니라는 것, 인간은 먹거나 잠을 자지 않고는 살 수 없지만 예술 없이는 살 수 있다는 것, 이는 그에게 하나의 고정 관념이 되기까지 한다. 발레리가 소중히 여기는 생각, 즉 예술에 대한 수요는 공급에 선행하지 않으며, 예술은 인위적 욕구를 창출해야 하고, 수요가 아니라 공급의 경제를 수립해야 한다는 생각이 거기에서 비롯된다. 매번 무에서 욕구를 창출하는 것은 예술가의 소관이며, 이는 새로운 작품을 만들 때마다 제로에서 되풀이해야 하는 과정이다. 예정된 수요에 응답하는, 상투적인 것을 생산하는 산업 예술은 예외겠지만, 그건 이미 예술이 아니다.

나는 발레리의 이 생각이, 《악의 꽃》에 취약한 시들이 있다는 그의 주장과 마찬가지로, 틀렸다고 생각한다. 발레리는 콜레주 드 프랑스에 함께 재직한 그의 동료이자 "선사 시대의 교황"으로 불린 브뢰이 신부가 독일 강점기에 연구한 라스코 동굴 벽화라든가, 다른 모든 구석기 시대 유물을 언급할 때마다 거북함을 느낀다. 아주 어릴 때부터 그림을 그리거나 잠들기 전에 이야기 듣는 걸 좋아하는 어린아이들에 관해 얘기할 때도 그렇다.

"먹고 자기만 하는 게 아니라 쓸데없는 것을 생각하는 데 시간을 허비하는, 더는 생리적 욕구에 부응하는 것이라 할 수 없는 일들을 그리고, 빚고, 바라보는 데 시간을 허비하는 '원시인'(우리가 흔히 그렇게 부르는)은 어디에나 늘 있었다." 발레리는 파리 해방 후에 한 첫 강의, 1944년 12월 15일 콜레주 드 프랑스에서 한 강연에서도 이를 인정한다.[7] 이 양보는 결국 예술의 "일반적 불필요성"이라는 그의 가설을 반박하는 게 아닐까? 인간이라는 동물은

'영적인 것esprit' 없이 살 수 있다는 생각, 예술작품은 단지 예술가들이 만들어낸 인위적 욕구인 "부차적 유용성"에만 부응할 뿐이라는 그 생각과 모순되는 게 아닐까?

내가 보기에 발레리는 예술의 기원에 대해 사색하는 순간부터, 그가 개체발생과 계통발생을 결합하고자 할 때 특히 더, 예술의 무용성에 대한 자기 이론의 취약성을 드러내는 것 같다. "처음에는, 기원에는, 어린아이들에게서 볼 수 있듯, 사물들의 현 상태에 대한 일종의 투쟁 같은 게 있었을 수 있다." 사물들이 너무 비었거나 너무 가득해서, "기원에는, 어린아이들에게서 볼 수 있듯", 그것들을 채우거나 치우려는 욕구가 나타난다는 얘기다. 발레리는 인간 존재에게, 쓸모없는 것에 대한 일종의 원시적 욕구, 그러므로 끊임없이 재창조될 필요가 없는 욕구, 인간의 본성에 속하는 욕구가 있음을 완전히 배제하지는 않는 것 같다.

더구나 이 욕구는 무위無爲를 참지 못하는 우리의 무능과 관련이 있다. 그것은 쓸데없는 행위, 달리 말해 '소모

---

7) 폴 발레리, 《시학 강의》, 윌리암 막스 편집, 갈리마르 출판사, 2023년, 총 2권.

(낭비)'에 대한 자연스러운 욕구다. 발레리의 수업에 어린 아이만 나타나면 그의 체계는 삐걱거린다. 왜냐하면 아이들은 쓸데없는 것의 정신적 경제(쓸데없는 것에 정신을 낭비하지 않는 것)에서 벗어나기 때문이다. "어린아이를 방에 둬보라, 아이는 주위를 둘러보고, 따분해하다가 서랍이 있는 것을 보고, 가서 서랍을 열 것이다. 수도꼭지가 있으면 수도꼭지를 틀 것이고, 주변에 있는 모든 걸 만지작거릴 것이다." 이 모델을 바탕으로 발레리는 이렇게 말을 잇는다. "따분해하는 사람은 자동적인 동작을 하게 된다(…). 말은 발을 구르기 시작할 것이다. (…) 사람은 펜을 들고 평행선을 긋거나 무의미한 뭔가를 끼적이기 시작할 것이다." 그는 "자신의 무위를 어떤 활동으로 채우기" 위하여, 그렇게 뭔가를 그리고 쓰기 시작할 것이다.

1945년 1월에 쓰인 발레리의 이 글은 나를 혼란스럽게 한다. 왜냐하면 발레리 자신이 늘 주장했던 바와 모순되기 때문이다. 어린아이가 서랍을 열고 수도꼭지를 틀듯이 (발레리는 말하지 않았지만, 물론 닫기도 하고 잠그기도 한다. 나는 열고 잠그는 이 행동을 이야기 예술의 기본 골격으로 간주하고 싶다), 말이 발을 구르고 사람이 반사적 행동이나 가려운 데를 긁듯이, 인간은 그림을 그리고 글을 쓴다. 그렇다면 그림이나 글은 인간의 생리적 욕구에 부응하는 것 아니겠는가. 말이 발을 구르고, 어린아이가 서랍이나 수도꼭지를 열거나 틀고, 사람이 코를 긁거나 귀를 잡아당기듯이 말이다. 정신적 경제와 별개로, 예술의 신체적 경제가 있다고 해야 할 것이다. 예술은 따분함에 대한 신체의 반응이니 말이다.

발레리는 이미 1935년의 강연 "예술에 대한 고찰"에서, 예술의 기원을 무위에서 기인하는 권태로 설명한 바 있다. 이 강연에서 그는 "몇몇 매우 단순하고 원시적인 예술작품 형태들"의 '보상報償적 기원'을 언급했다. 당시 그는 "예술작품은 애초에는 작가의 어떤 욕구에만 부응하는 것일 수 있다"라고 주장했다. 애초니, 욕구니 하는 말에 유의하자. 그러니까 원초적 욕구, 본원적 욕구, 만들어낼 필요가 없는 욕구, '따분해하는 인간'의 활동 욕구다. "그것은 공허에 대한 두려움이며, 그 상보相補는 장식이 될 것이다." 달리 말하면 장식, 즉 예술은 권태의 상보로서 주어진다(발레리는 상보complémentaire라는 말을 색채 물리학적 의미로 사용한다). 1935년에도 발레리는, "빈 시간이나 공간을 채우려는 욕구는 매우 자연스러운 욕구다. 장식에는 다른 기원이 없을 수도 있다"라고 주장했다. 그렇다면 예술은 인간 존재의 "매우 자연스러운 욕구"일 것이다. 생산하는 사람에게나 수용하는 사람에게나 말이다.

그 10년 후인 1945년 1월, 그의 마지막 수업 학기를 시작하면서, 발레리는 예술의 자연적 기원에 관한 생각을 또다시 거론한다. 말이 발을 구르고 원시인이 뭔가를 끼적이듯이, "아이들은 자기 자신에게 이야기를 들려주기 시작하고 그렇게 해서 시인이나 소설가가 될 것이다. 그들은 절대적으로 무한하게 인형이나 동물 이야기를 꾸며낼 것이다. 그들은 멈추지 않을 것이다. 그런 활동이 시작도 끝도 없다는 건 참 신기한 일이다. (…) 우리는 이야기를 무한정 꾸며낼 수 있다."

이렇듯 발레리는 '원시인'이나 어린아이를 거론할 때마다 본의 아니게 인간을 이야기를 꾸며내는 동물로 정의한다. 비록 그것이 즉각 인간의 이 고유성과 거리를 두기 위해서요, 예술의 특성을 여러 가지 규칙과 제약(인간을 자연에서 떼어놓는, 인형이나 동물 이야기를 하거나 듣고자 하는 그 꺼트릴 수 없는 욕구와 분리하는)에 의해 규정하기 위한 것일지라도 말이다. 발레리의 이 사유는 그 자신과 대립한다. 그는 인간 존재가 예술을 욕구하지 않는다고 주장하나 논증으로 그 반대 사실을 증명하며, '부르주아들에게' 마시고 먹고 자는 것이 필요하듯 예술이 필요하다고 주장한《살롱 1846년》의 저자 보들레르와 재회한다.

"진정한 삶, 그것이 문학이다"

보들레르가 부르주아들을 조롱하지 않았다고 믿어보자. 그는 예술과 문학의 유용성을 전혀 부정하지 않았지만, 참여 예술·투쟁적 예술에 등을 돌렸고, 사회주의자들은 물론 도덕적 질서 옹호자들과 예술을 위한 예술 추종자들에게도 등을 돌렸다. 1851년 11월, 〈드라마와 정직한 소설들〉이라는 글에서, 그는 예술이 도덕의 예시에 그친다면 그건 예술로서 자격이 없는 거라면서 이렇게 말한다. "문학 논쟁에 끊임없이 등장하는 거창하고 끔찍한 말들이 있다. 예술, 아름다움, 유용성, 도덕성 등이 그렇다. 서로 대접전을 벌이는데, 철학적 지혜가 없다 보니 저마다 깃발의 반쪽을 앞세우고는 다른 쪽은 어떤 가치도 없다고 주장한다." 그 후에도 보들레르는 늘 예술과 도덕, 아름다움과 유용성 사이의 양자택일을 거부한다. 둘 다 필요불가결하고 분리될 수 없기 때문이다. 그는 재빨리, 혹은 동어반복적으로 이렇게 결론 짓는다. "예술은 유용한가? 그렇다. 어째서? 예술이기 때문에." 그러니까 그는 끝까지 예술의 유용성이 있다고 본다. 1851년 12월 2일의 쿠데타[8]와 이를 비준한 20일과 21일의 국민투표 이후에도 말이다.

열정과 이성에 무관심한 채 그저 자기 몸매만 가꾸는 예술이라면 소멸해버릴 위험성이 있다. 보들레르가 1852년 1월 〈세속의 학교〉라는 글에서 주장하는 바가 바로 그거다. "머지않아 사람들은 과학과 철학 사이에서 형제처럼 걷길 거부하는 모든 문학은 살인하는 문학이요 자살하는 문학임을 깨닫게 될 것이다." 보들레르는 세기 속의 문학을, 세기에 굴종하거나 세기에 봉사하는 문학이 아니라 세기 속에 현전하는 문학을 지지했다.

---

[8] 당시 프랑스 제2공화국의 대통령 루이-나폴레옹 보나파르트가 단행한 쿠데타로, 곧 이은 국민투표를 통해 이듬해 프랑스 제2제국을 선포했다.(— 옮긴이)

그런데도 후세 사람들에게는 탐미가 혹은 '멋쟁이dandy' 이미지가 보들레르에게 각인된 것 같다. 그래서 많은 이들이 예술과 문학의 유용성, 실생활에서의 그 용도를 거론하는 건 추문이요 모독이라고 주장할 때 그를 앞세웠다. 그것은 문학과 예술을 속박하고 예속시키는 결과를 낳는다고 주장하면서 말이다. 칸트 이후, 예술이 그 자체로 자신의 목적이 되었다는 건 우리가 다 아는 사실 아닌가? 문학은 낭만주의 이후 하나의 절대로 구축되었고, 순수 문학의 종교로까지 격상되어, 말라르메와 발레리에게서, 프루스트와 모리스 블랑쇼에게서 그 절정에 도달했던 것 같다.

현대성은 문학의 유용성을 일절 거부하며, 이런 태도는 전후의 형식주의라는 문학 이론에서 극단에 이른다. 이 이론은 문학과 삶의 관계는 환상이요, 전기적·의도적·사실주의적 오류fallacy라고 비난했다. 그것은 계몽주의 개념에 따라 가르치고 즐겁게 해주기 위해, 다시 말해 기쁘게 하거나 편견에서 벗어나게 해주기 위해 문학을 사용하는 고전주의 전통과 단절하고자 했다. 제3공화국의 학교가 다시 받아들여, 도덕(개인의 도덕과 사회의 도덕), 세속주의,

연대, 애국, 국수주의를 가르치기 위해 보충하고 절충했던 그 개념과 말이다.

당시 문학은 종교 시대(사회를 더는 통합할 수 없는)와 과학 시대(아직은 사회를 정당화할 수 없는) 사이에서, 볼테르·루소·위고 같은 위대한 작가들로 헌신한 몇몇 세속 성인들과 더불어 일종의 대체 종교, 과도기 종교로 쓰였던 것 같다.

많은 현대 작가가 반발한 것이 바로 그런 실용주의, 문학적 도덕주의였다. 《잃어버린 시간을 찾아서》의 신성한 결말, "영원한 숭배"를 펼쳐보시라. (화자는) 민중적이고 전투적인 문학, 제1차 세계대전과 '신성한 단결'[9]의 산물인 민중주의라는 새로운 문학 학파에 반대하는 장광설을 늘어놓으며 이렇게 말한다. "진정한 삶, 마침내 발견되고 밝혀진 삶, 따라서 실제로 살아낸 유일한 삶, 그것이 문학이다."

이는 분명 필립 지앙 같은 사람들을 펄쩍 뛰게 할 선언이다. 아니다, 진정한 삶은 문학이 아니다. 진정한 삶은 따

---

9) 제1차 세계대전 때 민족방어를 위한 공동의 의지와 모든 프랑스인의 일치단결을 호소한 프랑스 정치 운동.(— 옮긴이).

사로운 벽난로 옆 소파가 아니라 거리에 있으니 말이다. 프루스트는 문학을 다른 삶, 삶 밖의 삶, 세계 밖의 삶으로 만든다. 활동적인 삶과 명상적인 삶을 나눈 고대와 기독교적 구분의 현대식 버전이랄까. 그가 말하는 명상적인 삶이란 곧 품격 있는 여가 otium cum dignitate, 키케로나 몽테뉴의 은퇴 생활, '자발적 평온', 공부하는 여가요, 몽테뉴의 친구 라보에시가 말한 '자발적 예속' 같은 것이다. 현대는 활동적인 삶과 명상적인 삶의 서열을 뒤집었다. 예전엔 오티움 otium의 반대인 네고티움 negotium이 자아 상실을 의미했으나, 이제는 개신교의 부상과 관련지을 수 있는 추세에 따라(이는 바로 막스 베버의 1904년 저술 《기독교 윤리와 자본주의 정신》이 주는 교훈이다) 비즈니스 négoce[10]가 자아실현의 장, 존재 성취의 장 자체가 되었다.

그러니까 문제는, 페기[11]가 말했듯이, 문학의 이름으로 '현대 세계'에 항의하는 것이었다. 내가 보들레르나 프루스트 등의 미학적 현대성을 반현대적이라고 명명한 것

---

10) 비지니스를 뜻하는 라틴어 négotium은 여가 otium의 부정어다. 접두사 nég-는 부정을 나타낸다.(— 옮긴이).
11) 샤를 페기(Charles Péguy, 1875~1914). 프랑스의 작가.(— 옮긴이)

도 바로 이런 의미에서다. 이 예술가들은 현대적인 것에 대한 열정을 지녔다. 즉 그것을 사랑하고 또 그것으로 괴로워한다. 그것은 독이자 치료제다. 모든 진보는 회한을 함축하기 때문이다. 보들레르는 〈벌거벗은 내 마음〉에서, "어렸을 때 나는 삶에 대한 공포와 삶의 황홀이라는 두 가지 모순된 감정을 느꼈다"라고 고백한다.

프루스트가 지적한 것은, 자아실현은 사교계의 삶이 아니라 문학으로, 문학 덕택에, 문학을 통해 이루어진다는 것이다. 그것은 작가―프루스트의 경우는 자신의 화자처럼 문학을 소명이나 천직으로 여기고서 거기에 헌신하여 죽을 때까지(그는 실제로 그렇게 되었다) 작업에 매달렸다―만이 아니라 독자, 문학에 사로잡혀 다른 세계로 옮겨가는 독자에게도 마찬가지다. 프루스트는 문학이라는 현대(혹은 반현대)종교를, 어쩌면 문학의 신성화를 설파한 대사제였고, 혹자는 그것이 지나치다고 판단하게 된다.

하지만 프루스트는 이렇게 말을 잇는다. "우리는 오직 예술을 통해서만이 우리 자신에게서 빠져나와, 우리와는 다른 세계의 다른 누군가가 보는 것을 알 수 있다. 그 세계의 풍경은 우리에겐 달에서나 볼 수 있는 풍경처럼 생소한 것일 수도 있다." 이는 이미 소파의 양쪽 귀퉁이 사이에 처박혀 책에 머리를 맞대고 있는 것과는 좀 다른 얘기 아닌가? 그가 말하는 건 분명 자기에게서 빠져나와 타자의 눈으로 세계를 보는 것, 타자의 세계에 도달하는 것(길을 건너가서, 엠마누엘 마크롱이 말하듯 일자리만 찾는 게 아니라, 엠마누엘 레비나스가 말하듯 타자의 얼굴을 만나는 것), 그리하여 타자를 알고, 타자에 이르고, 타자를 이해하는 것이다. 문학은 타자他者를 인식하는 수단이자, 여기 이 세상, 이 세계, 진부하고 보잘것없는 하루하루의 삶을 인식하는 수단으로서, 잘난 체하는 독아론이나 상아탑의 엘리트주의, 예술의 신비주의와 대조된다.

한데 지금 막 나는 문학 종교를 섬기는 종들의 분노를 살 만한 실수를 저질렀다. 블랑쇼는 문학을 고행하듯이, 사도직을 수행하듯이 한 이브 본푸아가 시를 "목적이 아닌 수단"으로, "새로운 희망을 기초"하는 수단으로, "현전"에 대한 희망을 주는 수단으로 여긴다며 비난했다. 블랑쇼는 그를 안하무인으로 대하며, 비록 자신의 책《끝없는 면담Entretien infini》(1969년)의 각주에 적은 말이긴 하지만, 위엄 서린 어조로 이렇게 단언했다. "그러나 나는 사람들이 그런 식으로 자신을 표현할 권리가 있다고 생각하지 않는다. 시는 목적이 아닌 만큼이나 수단도 아니다. 시는 그런 개념들 배치가 적합한 차원의 것일 수 없다."

시는 목적과 수단의 세계에 속하지 않는다. 물론 그렇지만, 블랑쇼에게 만약 문학이 세계를 계시하는 수단이든 뭐든 어떤 경우에도 하나의 수단이 될 수 없는 거라면, 결국은 그 자체를 목적으로 삼는 것 아닐까? 이 궁지에서 벗어나기 위해 블랑쇼는 다음과 같은 순환 논리로 본푸아의 생각에 반대했다. "만약 '있는바 그대로의 것l'immédiat'[12]이, 넘쳐흐르는, 하지만 모든 현재를 배제하는, 무한히 부재하는 것의 현존이라면, 그것과의 유일한 관계는 무한한 부재를 비축하는 관계, 간격이되 매개는 하지 않는 간격(결코 매개자의 역할을 하지 않는)일 것이다." 그의 말대로 문학이 수단도 목적도 아니요, 매개자도 중개자도 아니라면, 문학은 늘 기다림의 상태로 남을 것이다. 여기서 우리는 바르트가 예찬했고 마찬가지로 블랑쇼가 예찬했던 오르

---

12) 매개 없이 있는 것, 즉 우리의 의식에 의해 해석(굴절)되어 들어오기 전의 것이라는 뜻에서 진여실상眞如實相으로 번역되기도 한다.(ㅡ옮긴이)

페우스 신화와 만난다. 시의 완성은 추락을, 타협을, 이상의 종말을, 욕망의 희생을 나타낸다.

프루스트에게는 그런 것이 전혀 없다. 그에게서 우리는 이미 보들레르에게서 얼핏 보았던 그 양면성을 발견한다. 즉 한편으로는 실용주의와 문학적 도덕주의에 저항하고, 다른 한편으로는 문학적 인식의 보존과 타당성을 추구하면서, 문학이 제공하는 세계와 타자에 대한 이해를 긍정하는 것 말이다.

오르니카르

이 문제는 우리가 사는 첫 21세기의 긴급한 현안 같다. 프랑수아 베고도의 소설을 각색하여 2008년 칸 영화제에서 황금 종려상을 수상한 로랑 캉테의 영화 〈벽 사이에서〉를 기억해보라. 이 영화는 파리 20구의 소위 "어렵다"고들 하는 중학교 3학년 국어 수업, 국어와 문학을 배우는 수업에 관한 이야기다. 의식적이든 아니든, 자발적이든 아니든, 이 영화는 학생을 중심에 두고, 교사의 권위를 깎아내리며, 공화국 학교에서 이루어지는 이 시대 프랑스라는 나라의 국어 수업이 어떤 재앙을 맞이하고 있는지 잘 보여준다.

영화의 끝부분이자 영화가 추적해온 학년 수업이 끝날

무렵, 대단히 상징적인 순간이 찾아온다. 교사가 학생들에게 그들이 3학년 때 배운 것을, 그를 위해서뿐만 아니라 반 친구들을 위해서 요약을 좀 해달라고 요청했을 때다. 그는 교실을 돌아다니며 한 사람씩 차례로 학생들에게 물어 소위 결산표 혹은 평가서라는 것을 작성하고자 했다. 학생들은 수학, 역사, 생명 및 지구 과학(SVT), 체육 및 스포츠(EPS) 등, 수업받은 과목 각각에서 긍정적으로 평가하는 뭔가를 찾아냈다. 그러나 지금 그들이 참여하는 수업, 자신들에게 그런 질문을 하는 교사의 수업, 국어 수업을 언급한 학생은 한 명도 없었다. 아니, 여학생 한 명이 감명 깊게 읽은 책을 한 권—플라톤의 《공화국》—언급하긴 했지만, 그것은 그 학생이 이 수업과 상관없이 알게 된 책이었다. 그들은 국어 수업이 그들에게 준 것에 대해서는 아무것도 말할 것이 없었다. 그들에게 국어 수업은 아무 쓸모가 없었고, 길을 건너가는 데 도움이 되지 않았으며, 삶을 준비하는 데 어떤 수단도 되지 못했다.

문법은 그들에게 쓸모없는 것처럼 보였다. 접속법 반과거를 두고 잠시 토론도 벌였다. 이는 실생활에 쓰이지 않는, 거리에서 들을 수 없는 문법이다. 그렇다면 왜 학교에서 그런 것으로 골치를 썩인단 말인가? 글쓰기 연습도 그들에겐 괜한 수고처럼 여겨졌다. 교사는 학기 중에 작문 숙제로, 그들이 살면서 겪은 어떤 사건을 이야기하게 했는데, 그것에 대해 그들은 별 흥미를 느끼지 못했다. 사물에, 세상에, 경험에 말들을 가져다 붙이는 게 무슨 소용이란 말인가? 그러므로 국어 수업은 중학교에서 더는 하나의 교과목으로 보기 어렵고, 모든 교과목 중에서 가장 무익하고, 쓸데없고, 하찮은, 어쨌든 가장 정당화하기 어려운 과목, 중학교에서 그런 수업을 왜 해야 하는지 설명하기가 가장 어려운 과목이라 할 수 있을 것이다. 결국 교사는 이 과목 교육의 필요성을 옹호할 어떤 말도 찾아내지 못한 채, 책은 한 권도 펼쳐 들지 않을 긴긴 방학을 맞이하도록 그들을 떠나보냈다.

누구도 이의를 제기하지 않는 초등학교의 기본 교육 "읽기, 쓰기, 셈하기"에 대응되는 중학교 교과는 무엇인가? 국어 수업의 목표는 무엇인가? 아무것도? 하지만 수학 교사들은 하나의 등위 접속사밖에 모르는 청소년들, 오래된 상투어구 "Mais où est donc Ornicar?(한데 오르니카르는 어디에 있지?)"[13)]에 요약된 다른 모든 등위 접속사는 알지 못하는 청소년들에게 자신들 교과를 가르치기가 어렵다고 불평한다. 누구나 아는 노래("뱅상은 당나귀를 어느 풀밭에 풀어놓고, 그러곤 다른 풀밭으로 가버렸다. 뱅상은 풀밭에 당나귀를 몇 마리 풀어놓았는가?"), 우리는 이 노래와 더불어 길을 건널 준비를 했고, 평생토록 '오르니카르'를 모르는 사람은 모자 쓴 당나귀(바보) 취급을 하며 살아왔다. 어떤 정리를 말하거나 수학 문제를 풀기 위해서는 모든 접속사가 필요하다. 접속사가 없으면 수학뿐만 아니라 역사, 생명 및 지구과학, 체육 및 스포츠도 이해할 수 없고, 수년 전부터 도덕 및 시민 교육(EMC)으로 개명한 공민 교육도 불가능하다.

물론 내 말이 좀 과장된 건 사실이다. 언젠가 나는 한 친구에게, 이제는 사람들이 등위 접속사 et(그리고) 외에 다른 모든 접속사를 잃어버린 것 같다는 푸념을 늘어놓았다. 그러자 그 친구는 수도권 고속철의 샤틀레-레 알 역이나 가르 뒤 노르 역에서 날마다 사람들이 접속사 ou(혹

---

13) "Mais où est donc Ornicar"는 mais(but), ou(or), et(and), donc(therefore), or(then), ni(neither), car(because) 등, 프랑스어의 7가지 등위 접속사를 암기하기 위한 오래된 상투어구다. 이 중 donc는 2020년부터 부사로 간주되어 등위 접속사에서 제외되었다.(―옮긴이)

은)의 도움에 기대 강도행각을 벌이지 않느냐며 내 말을 반박했다 — "le portable ou la vie!(휴대폰 줄래 아니면 목숨을 줄래!)." 완전히 틀린 말은 아니지만, 내 생각에는 관광객들이 너무나 자주 그런 경고도 받지 못하고 휴대폰을 탈취당하는 것 같다. 강도는 문이 닫히기 직전에 사냥감에 달려들어 소리 없이 스마트폰을 낚아채고는, 열차가 멀어져가는 반대 방향으로 플랫폼을 따라 달아난다. 이는 내가 여러 차례 목격한 광경이다. 포르트 마이요 역에서 자정 직전에 목격한 게 가장 최근 일로, 그때도 말은 한마디도 없었다. 그런 일을 "사과 따러 간다"라고 하는 모양인데, 물론 낙원의 사과나 노르망디의 사과가 아니라, 중국에서 만들어지는 쿠퍼티노[14]의 사과다.

---

14) 애플 본사가 있는 미국 캘리포니아주의 도시.(— 옮긴이)

고등교육사업

중고등학교에서든 대학교에서든, 유럽에서든 아니면 다른 곳에서든, 오늘날 우리는 교육을 논할 때 역량이라는 말을 앎(지식)이라는 말과 함께 사용하거나 때로는 이 말 대신 쓴다. 모든 교육의 목표는 '아는 것savoir(지식)'만이 아니라, '할 줄 알고savoir-faire(기술적 역량)', '살 줄 알게 savoir-être(사회적 역량)' 가르치는 데 있는 것 같다. 이제 교사는 학생에게 지식을 전달하기만 해서는 안 된다. 이 오랜 전통적 교육 목표에 그치지 않고, 자신이 전수하는 추상적 지식을 실제로 활용하는 법도 가르쳐주어야 한다(프랑스 학생들은 이론과 실천 양면에서 비교적 우수하다는, 적어도 나쁘지는 않다는 평가를 받는다). 하지만 지식과 노하우는 사람을 고용 시장에서 매력적으로 만들어주는 처신處身과 연결되지 않으면 비생산적인(비효과적이고 고용할 수 없는) 상태로 남게 된다. 바로 이것이 신개념인 소프트 스킬인데, 이것이 없으면 자율적이지 못하고, 적응도 못 하고, 호기심도 공감도 못 느끼고, 끈기도 없는… 그런 사람이 된다.

역량은 새로운 선입견이지만, 그렇다고 터무니없지만은 않다. 사실 우리는 프랑스어·문학·인문학humaniores litterae이 과연 어떤 역량을 제공하는지 묻기를 두려워하지 말아야 한다. 사람들은 이런 학문을 1532(?)년에 가르강튀아가 아들 팡타그뤼엘에게 배우라고 권했던 르네상스 시대의 신성한 학문diviniores litterae과 구별했다. "마침내 네가 대단한 학자가 되었구나. 이렇게 성인이 되고 다 컸으니, 앞으로는 학문의 정숙과 휴식에서 벗어나, 기마술과 무기를 배워, 내 집을 지키고 친구들의 재산을 악당들의 공격으로부터 지켜주어야 할 것이다." 문학은 좀 더 나은 기사騎士를 만드는가? 역량을 키워주는가, 아니면 단순 지식만 제공하는가? 문학은 무엇에 적합한 사람으로 만드는가? 사는 법을 터득하는 데도 도움이 되는가?

이 물음은 중등학교에서, 중고등학교의 프랑스어 수업

에서만이 아니라(영화 〈벽 사이에서〉의 학생들이 이런 문제를 생각해보았다면 참 좋았을 것 같다), 고등 교육에서도 제기된다. 오늘날 프랑스에서는 문학 교육과 관련된 심각한 편견이 있으며, 심지어는 문학 교육 자체를 반대하기까지 한다. 예전에 사람들은 고등학교에서 L(문학) 계열이 죽었다고 탄식했고, 고등학교 2, 3학년의 S(과학), ES(경제·사회학), L(문학) 계열 사이에 존재하는 엄격한 서열을 유감스럽게 여겼다. S가 이제는 'Science(과학)'를 의미하는 게 아니라 'Sélection(선발)'을 의미한다고 농담을 하곤 했다. 이 계열이 일반적인 것이 되어 모든 고등 교육으로 나아가는 문이 된 데 반해, 다른 계열은 그 문 대부분이 닫혔기 때문이다. L 계열을 되살리려는 시도는 모두 실패하고 말았는데, S를 진짜 과학 부문으로 만들고자 했던 2009년 고등학교 개혁이 그 마지막 시도로, 이는 결국 유치원에서부터 그랑제콜[15]에 이르기까지 프랑스 학교 교육의 오리엔테이션을 대신한 분별 증류(걸러 내기)의 결과물로 남았다.

---

15) 프랑스 특유의 소수정예 고등교육기관 체계를 가리키는 용어로, 일반 대학교와 구분되어 있다. 2년의 그랑제콜 준비반, 또는 이에 준하는 교육과정을 수료해야 입학할 수 있다.(—옮긴이)

이 '계열' 제는 2018년 장 미셸 블랑케르의 개혁으로 폐지되고, 학생들이 2학년 때 3개, 3학년 때 2개 선택할 수 있는 12개 전공 분야의 조합으로 대체되었다. 이에 대한 첫 번째 평가가 2023년 대입 예비 시험(바칼로레아)이 끝나고 이루어졌다. 이 개혁—수정이 진행 중인—의 가장 충격적인 결과는 40퍼센트의 학생이 수학을 포기한 것이었지만(2학년 때부터 수학 공부를 하지 않는 학생 수가 2019~2021년 사이에 세 배가 되었다), 인문학의 추락도 그보다 형편이 더 낫지는 않았다. 과학과 문학 사이에서 독창적인 전공 조합을 할 수도 있었지만, 학교들은 신중하게 처신하여, 학생들이 각자 원하는 대로 하나씩 고르는 게 아니라 미리 정해진 메뉴 중에서 선택하게 했다. 그 결과, 고등학교 2학년 학생들이 가장 많이 선택한 전공 3개 조합은 "수학+물리·화학+사회탐구"였다. 2022년 통계로 23.4퍼센트가 그 조합을 선택했는데, "역사-지리·지정학-정치학+외국어-지역어·문학-문화+경제-사회과학" 조합 8.4퍼센트, "인문학, 문학, 철학"을 포함하는 첫 번째 조합 6퍼센트에 비해 월등히 높았다.[16] 즉, S 계열과 L 계열 사이에 파인 구멍이 메워지지 않은 것이다.

입학 선발시험이 없는 일반대학의 문학부에서는 다른 데 등록할 수 없는 학생들, 말하자면 그랑제콜 준비반(CPGE), 고등 기술학과(STS), 기술대학(IUT), 입학 인원수 제한제numerus clausus를 시행하는 의과대학, 대부분이 학살당하는 로스쿨 등의 선발시험에서 탈락한 학생들을 받아들이고 있다. 그래서 인문 사회과학(HSS)은 고등 교육계의 "빗자루 자동차"[17]라는 평판을 받는다(문학사 학위가 지금도 은행·공공 서비스·사기업 등 여러 직업 분야에 열려 있는 영미권과는 사정이 다르다).

연이은 고용 위기가 대학 간 경쟁 압력을 강화했고, 대학은 점차 글로벌 고등 교육 시장에 의존하게 되었다. 이제 사람들은 대학 졸업장의 수익성을 추구한다. 이는 중

---

16) 실비 르셰르보니에, 엘레아 포미에, 비올렌 모랭 공저, 〈바칼로레아: 블랑케르 개혁과 그 이행되지 않은 약속〉, 〈르 몽드〉, 2023년 6월 14일자.
https://www.lemonde.fr/campus/article/2023/06/14/baccalaureat-lareforme-blanquer-et-ses-promesses-non-tenues_6177524_4401467.html
로랑스 도펭, "2022학년도 교육, 전공 및 교육 옵션의 선택", 〈정보 노트〉, 23-06호, 2023년 3월, 교육부, DEPP(교육 성취도 측정 및 평가 서비스).
https://doi.org/10.48464/ni-23-06
17) 경합 중인 선수들을 뒤따라가며 기권하는 선수들을 태우고 가는 자동차.(―옮긴이)

세 이후 지켜져 온 교양 학부의 이상이라든가 19세기 초 독일 연구 대학의 탄생 이후 구축된 빌둥Bildung 모델[18]과 배치된다. 일반 교육의 사명은 즉시 활용 가능한 실용 지식을 배우고 익히는 일 뒷자리로 밀려나고 있다.

고등 교육의 민주화 또는 대중화로 인해 대학 졸업장은 날이 갈수록 가치가 떨어지는 경향이 있고, 졸업장과 일자리 간의 상관관계도 더는 보장되지 않으며, 일자리가 필요로 하는 수준 이상의 졸업장을 갖추는 일이 갈수록 늘어나고 있다. 2008년 금융위기 이후, 50퍼센트에 달하는 실업률에 시달리던 스페인의 젊은 대졸자들은 독일이나 라틴아메리카로 탈출했다. 프랑스에서도 대학 졸업장이 더는 고용을 보장해주지 않아 국립고용청(ANPE)에 석·박사 학위 소지자들의 이름이 등록되기 시작했다.

학업은 이제 더는 청소년기와 성년 사이의 자유로운 괄호(가르강튀아가 파리에 체류하며 누린, 공부하는 여가otium studiosum의 직역인 "학문의 정숙과 휴식"의 시간)가 아니다. 세

---

[18] '형성하다, 만들다'를 뜻하는 독일어 동사 'bilden'의 명사형 'Bildung'은 전인적 인간 형성을 가리키는 말로, 흔히 번역되는 '교양'보다 훨씬 더 포괄적인 의미를 담고 있다.(―옮긴이)

계를 발견하고 책을 파고들고 자아를 해방하는 그 시간이 이제는 내일에 대한 두려움의 시간이 되어버렸다. 가정에서는 고등 교육에 투자한 비용의 회수를 걱정한다. 특히 막대한 학자금 부채(부동산 부채에 이어 두 번째)를 안고 있는 미국 가정이 그렇다. 이 나라에서는 고등 교육 졸업장 취득 비율이 해당 연령층에서 더는 오르지 않고 있으며, 남성들에게서는 오히려 하락 추세를 보인다. 계산 결과 고등 교육이 개인과 가정에 수익성이 떨어지는 것으로 드러나자, 이제는 중등 교육 졸업장으로 만족하는 것이다. 하지만 이는 사회 전체에 심각한 결과를 초래한다. 고등 교육 졸업생 수를 늘리는 것이 혁신과 성장, 번영, 재분배를 위한 전제 조건임은 지금도 여전하기 때문이다.

교육 시스템 전체가 점점 더 직업화하면서, 고용 시장에서 큰 힘을 발휘하지 못하는 듯한 학과들이 더욱더 고통스러운 상황으로 내몰린다. 지금까지 '리버럴 아츠 칼리지Liberal Arts Colleges(인문교양 과정 대학)'의 강력한 전통을 잘 유지해온 미국에서도 돈이 되지 않아 부채를 상환하지 못하는 인문학은 점차 학생들에게 외면받고 있다.

예전에 테네시주의 한 작은 '리버럴 아츠 칼리지' 총장은 유감스럽다는 듯이 이렇게 말했다. "학생들이 취업에 관한 질문을 충분히 하지 않습니다." 오늘날에도 그가 그런 말을 할 것 같지는 않지만, 당시 그는 이렇게 덧붙였다. "모든 대학은 미래의 학생들에게 취업 자료를 제공할 수 있어야 합니다. 선배들이 언제 어디에 취업했는지 알아야 졸업 후 자신의 직업 전망을 알 수 있기 때문입니다." 이제 졸업생에 대해 신경 쓰지 않는 교육 기관은 어쩌면 문을 닫을 운명에 처하게 될 거라는 얘기다.

테네시주의 총장은 변화를 예감하고서 이렇게 주장했다. "고등 교육도 하나의 사업입니다. 학생들은 소비자이며 아마도 그들 인생에서 두세 번째로 큰 투자가 될 하나의 선택에 직면해 있습니다. 그들은 자신들이 하는 투자의 예상 결과치를 알 자격이 있습니다." 공부에 드는 비용과 이득, 한 개인이 일생 동안 하는 이 주요 투자(주택 구매가 첫 번째 투자일 것이다)는 진지하게 계량화되고 분석되어야 함이 마땅하다는 얘기다.

이것이 오늘날의 '글로벌' 세계가 추구하는 고등 교육 철학이며, 이는 우리 CEO 총장의 다음 마지막 문구 속에 압축되어 있다. "학생들은 소비자로서 우리 학교에 들어와 제품이 되어 학교를 떠납니다."[19] 문학 제품은 어떤 가치가 있는가?

---

[19] 타냐 콜드웰, 〈대학 입학과 학비 지불. "내 전공이 있습니까?" 등, 대학에서 피해야 할 기타 질문들〉, 〈더 뉴욕 타임즈〉, 2012년 5월 22일자.
http://thechoice.blogs.nytimes.com/2012/05/22/do-you-have-my-major-and-other-college-questions-to-avoid/

"피아노를 배우세요, 컴퓨터 자판을
치는 데도 도움이 될 테니까!"

지식, 기술적 역량, 사회적 역량의 상품화라는 맥락에서 보면, 인문학에 주어진 자리는 계속 줄어들 위험이 있다. 그들은 어떤 소비자를 맞이하는가? 그들은 어떤 완제품을 만드는가? 이제 더는 새끼손가락 뒤에 숨을 게 아니라, 그 테네시주 '리버럴 아츠 칼리지'의 총장만큼이나 잔혹하게 문학의 유용성, 문학 교육의 타당성, 문학 문화의 정당성 문제를 제기해보아야 할 때가 된 것 같다. 적절성·타당성·유용성·수익성·생산성 등을 요약하는 개념인 이른바 '관련성relevance'의 요구에 굴복해야 할까? 독서를 문학의 내재적 가치가 아니라, 혹은 그런 가치만이 아니라, 그것이 삶에 제공하는 이점, 예를 들어 경쟁, 성장, 부의 창출이라는 영역에서 얻게 해주는 이점들을 들어 정당화할 수 있을까? 우리는 지속적인 평가와 끊임없는 영향 측정의 문화 속에서 살고 있다. 어떻게 거기에서 벗어날 수 있겠는가? 과연 우리가 꼭 구제해야 할 그 몇몇 본질적 가치를 외면하는 일 없이 문학의 용도를 옹호할 수 있을까?

문학과 예술을 옹호하고 예증하는 말 중에는 좀 우스꽝스러워 보이는 것들도 있다. 피아노를 배우세요, 컴퓨터 자판을 치는 데도 도움이 될 테니까! 영국 대학의 역사에 대한 탁월한 전문가로 《대학은 무엇에 쓰이는가》(2012년)라는 책을 쓴 스테판 콜리니는 이런 주장에 화를 참지 못했다. "바이올린을 배워서 좋은 점은 키보드를 칠 때 유용한 능숙한 손놀림을 개발하는 데 도움이 되기 때문이라는 식으로 얘기하면, 지금 우리는 말보다 앞서가는 자동차들의 정체에 갇혀 꼼짝달싹도 못 하는 격이다."

물론 문학 교양을 좀 갖추고 있으면 종합보고서나 업무보고서 작성 기법을 습득하는 데 도움이 될 수 있고, 젊은이가 "자신이 가진 언어 요소를 능숙하게 다루고, 자신 있게 자기 생각을 표현하고, 자기 생각에 대한 지지를 끌어내고, 타당성 있게 설득하고, 자신의 카리스마를 개발"하는 데 유용할 수도 있지만, 나는 스테판 콜리니식의 비유를 들어 이렇게 말하고 싶다. 소 없이 쟁기부터 챙기지는 말자고.

대체로, 인문 사회과학 전공생들은 학업을 마쳐도, 자신들이 대학 강의실에서 배운 것이 무엇에 쓰일 수 있는지, 그들이 받은 학사나 석사 학위가 그들에게 어떤 역량, 어떤 능력, 어떤 자격을 주는지 〈벽들 사이에서〉의 학생들보다 더 많이 알지 못한다. 사실, 프랑스는 종합대학 전통이 거의 없는 나라다. '리버럴 아츠' 교육은 대혁명에 의해 갑작스럽게 중단되었고, 독일식 빌둥은 제3공화국과 제4공화국을 지나는 동안 제대로 뿌리를 내리지 못했다. 그 후 1960년대에 고등 교육의 첫 번째 민주화의 물결이 일었고, 두 번째 물결은 1990년대에, 세 번째 물결은 현재 진행 중인데, 이와 더불어 문과대학은 문학·역사·철학 교사들을 배출하는 직업 학교가 되었다. 법학전문대학이 법률가를, 의과대학이 의사를, 약학대학이 약사를, 이과대학이 수학·물리·화학 교사를 배출하듯이 말이다.

문과대학에 등록하는 청년들이 더는 중등교육계로 진출하지 못하고, 자신들 학위 수준에 맞는 일자리를 찾기 어려워지면서부터 목적성 문제가 제기되었다. 인문 사회과학 학위 소지자들의 실업률이 다른 학위 소지자들보다 높지는 않기에, 문과대학이 실업자 제조소라는 주장은 맞는 말이 아니다. 하지만 다른 학위 소지자들과는 달리, 직장을 구하는 데 필요한 학위 이상의 과정을 밟게 되는 경향이 두드러진다. 인문 사회과학 졸업생은 등급을 낮춰 일자리를 구한다. 즉 BAC+3년 과정을 마친 청년이 BAC+1년 과정을 마친 청년의 일자리(예컨대 FNAC 판매원)에 채용되고, BAC+5년 과정을 마친 청년이 BAC+3년 일자리(인터넷 카페 관리자)를 받아들이고, 박사 학위를 취득한 청년 일부는 BAC+5년 과정을 요구하는 직업인 고등학교 교사(학사 졸업 후 '21세기 고등사범학교'라는 학교들에 선발시험을 치르고 입학하여 2년 과정을 더 공부하게 하는 2024년 봄의 개혁으로, 앞으로는 직종 전환이 더욱 어려워질 것이다)가 된다.

과잉 학력과 학위 가치 하락은 씁쓸함을 자아낸다. 사실 이미 20세기 초에, 심지어는 "드레퓌스 사건의 첨예한 갈등기"(바레스의 제자 레옹 블룅의 표현이다)에 출간된 바레스의 소설 《뿌리 뽑힌 사람들》이 나왔을 때 이미, 1848년 혁명 세력에 맞서 생겨난 보수 정당인 '질서당'은 바칼로레아 시험 합격자의 과잉 배출을 걱정했다. 1897년 바칼로레아 합격자는 남성 7,549명과 여성 2명이었다. 오늘날의 80퍼센트에 비해 해당 연령층의 1퍼센트 미만 수준이었는데도[20] 적잖은 불안감을 느꼈다. 특히 '장학금 수혜자들'의 두려움을 자극했는데, 이들이 결국 '지적 프롤레타리아'가 되어, 환멸과 앙심으로, 사회주의자들의 세를, 나아가서는 무정부주의자들의 세를 불리게 된다.

한데 문과생들이 취업 시장에서 실패를 맛보는 것은 대체로 그들이 자신을 팔 줄 몰라서 빚어지는 일일 수 있다. 그들은 자신을 돋보이게 할 줄 모르는데, 이는 지식이나 기술적 역량의 문제라기보다는 '비기술적인 역량', 소위 소프트 스킬, 즉 자신을 돋보이게 하는 '사회적 역량'과 관계된 문제다. 그 증거로는 직능 연구 센터(Céreq)의 조사를 들 수 있는데, 졸업 후 3년쯤 지나서 보니, 그들 중 다수가 자신들 학위 수준에 맞는 일자리에 승진해 있더라는

---

[20] 장-클로드 세스네, 〈프랑스의 바칼로레아 합격자 인구. 1995년까지의 추정 및 예측〉, 〈인구Population〉, 1975년, 30/3.
https://www.persee.fr/doc/pop_0032-4663_1975_num_30_3_15826

것이다.[21] 이는 곧 그들의 고용주가 현장 일을 통해, 그들의 수학 기간에 상응하는 그들의 잠재력을 인정했다는 얘기다. 문과 대학 졸업생들은 학업을 통해 배우고 익힌 지식과 기술적 역량뿐만 아니라 이를 통해 덤으로 얻은 자신의 여러 가지 자질에 대해 잘 모르고 있다.

인적자원 관리부는 역량과 지식, 기술적 역량과 사회적 역량, 능력과 태도를 곧잘 대립시키곤 하지만, 좋고 오래된 지식도 시류에 맞는 양념, '패션 위크Fashion Week'의 장식 없이는 쓸모없게 될 것이다. 이런 유행어들이 테크노 은어에 당혹감을 느낄 특정 연령층 교사들의 화를 돋울 헛소리로만 들리게 되지 않기를 바라자.

문학 교양에 대한 비난은 그것이 불공정하다는 추정으로 더욱 고조된다. 이는 그랑제콜 입학이라든가 시험에 의한 사회적 차별을 주제로 한 최근의 격렬했던 여러 논쟁을 통해 잘 드러났다. 그래서 파리 정치대학(Science Po)

---

[21] 〈청년층 취업 20년. 항구성과 변화 사이〉, 토마 쿠피에, 아르노 뒤프레, 도미니크 에피판, 비르지니 모라 공저, 〈세레크 에상시엘Céreq Essentiels〉, 제1호, 2018년 4월.
https://www.cereq.fr/20-ans-dinsertion-professionnelle-des-jeunes-entre-permanences-et-evolutions

은 12년 전부터 입학시험에서 일반교양 시험을 없앴다. 일반교양 시험의 폐지는 생 기욤 가의 이 오래된 학사원을 그 해의 유행어인 소위 워크Woke[22] 경향에 따라 글로벌 기관으로(또한 파리 6구와 7구의 방대한 부동산 소유주로)탈바꿈시키기 위해 리샤르 데코앵 학장이 취한 몇 가지 마지막 결정 중 하나였다.

일반교양, 즉 문학은 공정의 허울을 쓰고 상속자들에게 특혜를 주는 사회적 선발 도구이기에 시험에서 사라져야 한다는 것이다.[23] 비방자들의 견해에 의하면, 이제 문학은 네임 드로핑Name dropping[24] 같은 것이 되었다. 껍질에 칠하는 니스, 멋 부리기, 점잔빼기, 프시타시즘[25] 등을 가리키는 이 표현은 번역 불가능하다. 파리 정치대학 학장으로 있는 나의 옛 소르본 대학 동문은 일반교양은 "속이 좀 빈 귀동냥 문화"라고 주장했다. 그녀는 과거의 생각을

---

22) '깨다(wake)'의 과거형으로, 깨어있다는 의미 외에 사회적 불평등에 대한 인식을 갖는다는 의미가 추가되어 사용된다.(― 옮긴이)
23) 안 슈맹, 〈일반교양, 녹슨 선발 도구〉, 〈르 몽드〉, 2012년 4월 15일자.
http://www.lemonde.fr/enseignement-superieur/article/2012/04/15/ la-culture-generale-outil-de-selection-rouille_1684688_1473692.html
24) 유명인의 이름을 잘 아는 사람인양 들먹이는 것.(― 옮긴이)
25) 이해하지도 못하는 낱말이나 문장을 기계적으로 반복하는 것.(― 옮긴이)

버리고 리샤르 데코엥, 프레데릭 미옹, 마티아스 비셰라, 루이 바시 등이 연이어 맡은 이 학교에서 금세기의 풍속에 적응했으나, 일반교양이 "속이 완전히 비었다"라고 말할 정도로까지 자신을 부정하고 모독하지는 않았다. 그녀는 "좀" 비었다고만 했다. 즉 다른 측면에서 보면 아직 "꽤 튼튼하게" 건재한다는 얘기다. 반이 비었다고 보거나 반이 찼다고 보는 건 보는 사람 마음이다. 반이 찼다고 보는 쪽에 서도록 하자.

바쁜 사람들은 틀렸다

무엇을 해야 할까? 무엇을 선택해야 할까? "속이 좀 빈" 문화를 버릴 것인가 아니면 "속이 제법 찬" 문화를 택할 것인가? 문학은 이제 아무 쓸모가 없다고 정말 확실하게 인정할 것인가, 아니면 문학의 애용을 자랑하고, 문학에서 얻을 수 있는 이득을 살피고, 몽테뉴가《수상록》의 〈절름발이들〉이라는 장에서 "세계의 이용"을 말했듯, "문학의 이용"을 옹호하고 예증할 것인가. 1950년대에 이란과 아프가니스탄을 여행한 니콜라 부비에는 몽테뉴의 이 표현을 자신의 멋진 여행기 제목으로 삼았다. 부비에는 마르셀 레몽, 장 스타로뱅스키 등, 소위 '제네바 학파'로 불리는 탁월한 스승들에게서 문학을 건성으로 공부했지만, 이 공부 경험의 덕을 제대로 본 것이다.

다시 한번 책이라는 종교의 선구자 프루스트에게 가보자. 그는 문학, 문학적 교양이, 자기에게서 벗어나고 타자를 이해하고 자신을 타자처럼 인식하게 해주는 등, 삶에 쓸모가 있을 수 있음을 모르지 않았다. 책 어딘가에서 화자話者는 행동하는 사람들, 일에 짓눌린, 조급한, 바쁜 사람들을 떠올린다. 그들은 생-제르맹 마을의 살롱이나 아니면 발베크 산책로에서 프루스트를 만나면 경멸의 눈초리로 아래위로 훑어보면서 그를 한량이나 도락가, 애호가, 아무 쓸모가 없는 사람 취급하곤 했다. 문학을 한다는 구실로 착실한 사람들의 노동 시간이나 축내는 사람으로 말이다.

책을 읽고, 가르치고, 글을 쓰고, 문학을 논하는 우리는 모두 바쁘게 사는 남자와 여자 들의 경멸을 받았다. 그들은 교사들의 긴 방학과 짧은 노동 시간에 대해 순진한 표정으로 경탄을 터뜨리곤 한다. 내가 수년째 단골로 드나드는 이발소의 이발사와 나눈 대화가 떠오른다. 그는 내가 거의 모든 시간에 약속을 잡을 수 있다는 사실, 내가 내 마음대로 시간을 쓸 수 있다는 사실에 놀라움을 금치 못했다(내가 문화를 미용과 비교해봐야겠다는 발상을 떠올린 건 그와의 대화 덕분임이 분명하다). 어느 날 그가 피가로처럼 호기심에 차서 내 활동에 관해 물었고, 나는 그에게 내가 콜레주 드 프랑스에서 하는 업무 의무가 연간 13시간의 강의와 13시간의 세미나라는 사실을 알려주었다(과학 담당 교수들은 강의 9시간, 세미나 9시간을 담당하는데, 어째서 이런 차별을 하는지 모르겠다. 실험실에서 학생들을 지도한다고 하나, 그들 중 절반은 실험가가 아니고 이론가이니 이에 해당되지도 않는다). 이발사는 경악을 감추지 못했다. 그는 곰곰이 생각에 잠기는 듯하더니 나머지 시간에는 내가 뭘 하는지 물었다. 하지만 나는 늘 일을 한다. 그는 인도네시아의 어느 해변에서 일주일간 휴가를 즐기고 머리에서부터 발끝까지 온통 구릿빛이 되어 이제 막 돌아왔으나, 나는 아스피린 약포처럼 하얗다. 나는 휴가를 간 적이 없으며, 주당 35시간(프랑스의 법정 근로 시간)이라는 것 자체를 모른다.

말 나온 김에, 프랑스를 방문했던 그 중국인들 얘기도 해보자. 그들은 '메이드 인 프랑스'를 자랑하는 어느 고급품 생산 공장을 방문했다가, 프랑스에서는 사람들이 35시간 일한다는 얘기를 들었다. 그들은 깜짝 놀라더니, 몹시 당황한 표정으로 잠시 서로를 바라보았다. 그러다 그들

중 한 명이 모두가 궁금해하면서도 차마 내뱉지 못하던 질문을 던졌다. "어떻게 그럴 수 있죠? 하루는 24시간뿐이 잖아요." 나는 내가 주 35시간 노동은 상상조차 하지 못하는 그 중국인들과 같다고 생각한다. 나뿐만 아니라 모든 교수, 거의 모든 교수가 그렇게 일한다고 나의 이발사에게 말해준다. 불평하기 위해서가 아니라, 내가 그 못지않게 일을 한다는 사실을 그에게 각인시키기 위해서, 현대 사회가 문학 문화 종사자들의 소일에 던지는 의혹의 눈초리가 얼마나 부당한지를 그에게 이해시키기 위해서, 더는 그가 공부하는 여가otium studiosum를 '클럽 메드'에서 말하는 한가로움, 비즈니스가 인간 측정의 최고 기준이 된 후 권태와 동의어가 된 그런 한가로움과 혼동하는 일이 없도록 하기 위해서다.

그가 바로 내 옆에 있었기에, 그리고 이발기를 다루는 이가 그였기에, 나는 그에게 '보몰의 법칙'[26]이라는 걸 아는지 물어보았다. 아니었다, 디지털은 그에게 아무 도움이

---

26) 1960년대에 보몰William J. Baumol과 보웬William G. Bowen에 의해 주장된 것으로, 조직구성원의 보수가 노동생산성의 향상보다 더 많이 인상되는 현상을 가리킨다.(—옮긴이)

되지 않았고, 그는 인공지능에도 별 기대를 하지 않았다. 예나 지금이나 그는 30분 한도로 고객과 약속을 잡지만, 가게 임대료·관리비·보험료 등이 줄어드는 일은 없고, 그가 책정하는 가격은 겨우겨우 물가 상승을 따라가는 정도다. 결국 나는 경제적 효율성의 규칙을 말하는 속담 "공짜 점심은 없다There is no free lunch"에 대한 나의 개인적 해석, 즉 반어적 의미를 담은, "내일은 면도가 공짜!"라는 말을 그에게 내뱉고야 말았다. 그 후 나는 미용계의 닥터립Doctolib[27]이라고 떠벌리는 사이트를 한두 군데 시도해보았다. 하지만 아직 그리 신통한 것 같지는 않다.

프루스트는 본인의 책무와 생산성을 의식하고서 고자세로 그를 깔보던 사람들의 자만을 모르지 않았다. 그는 그들의 거만을, "'바빠서'(어쩌면 아주 어리석은 일로)당신이 하는 일을 할 '시간이 없다'는 것에 만족하는 것"이라고 설명했다. 책 읽을 시간도 없고, 미술관이나 콘서트에 갈 시간도, 생각할 시간도 없다. 늘 시간을 절약하고 빨리빨

---

27) 환자들의 온라인 예약 서비스 대행업체.(─옮긴이)

리 하려고 든다. "'바쁜' 사람들"은 태평스럽게 작은 방에 갇혀 시간을 보내는 당신보다 우월하다고 느낀다. 롤랑 바르트는 종종 자신의 생활 양식을 그 시절 부르주아 아가씨의 생활 양식에 빗대어 말하곤 했다. 책 좀 읽고, 피아노 좀 치고, 그림 좀 그리고, 글도 좀 쓰고, 차도 좀 마시며 시간을 보내는.

나는 지난날 콜레주 드 프랑스에서 강의할 때, 지메네스 두당이라는 아주 매력적인 인물에게 흥미를 느낀 적이 있다. 그는 1825년 스물다섯 살에, 브로글리 공작 집에 가정교사로 들어가서는 여러 해가 지나 아이들이 다 크고 나서도 그 집을 떠나지 않은 채, 책을 읽고, 편지를 주고받고, 식물을 채집하며 여생을 그 집에서 보냈다. 책은 일절 펴내지 않았다. 그의 대화는 대단히 재치있었고, 그래서 그의 친구들은 그가 책을 냈더라면 곧바로 프랑스 학술원에 들어갔을 거라고 말하곤 했다. 그곳에는 이미, 둘 다 7월 왕정과 아주 공화적이진 않았던 제3공화국 초기에 내각 수반을 지냈기에 "바쁜 사람들"이었다고 할 수 있는 브로글리 공작 부자가 자리를 잡고 있었다. 지메네스 두당은 그리 많은 걸 바라지 않았다.

"'바쁜' 사람들"에게 우리는 모두 지메네스 두당이다. 프루스트는 두당이 죽고 나서 친구들이 펴낸 그의 편지들, 마담 프루스트가 높이 평가했던 그 편지들을 잘 알고 있었다(그의 인용문 노트에는 그 편지들에서 발췌한 문장들이 들어있다). 프루스트는 자신의 독설을 이렇게 이어나간다:

> 물론, 보고서를 쓰고, 숫자를 나열하고, 업무 서한에 답장을 쓰고, 증시의 흐름을 살피는 사람이 당신에게 냉소를 지으며 "당신은 아무것도 할 일이 없어서 좋겠소"라고 말할 때, 그가 기분 좋은 우월감을 맛보는 건 정당하다. 하지만 당신의 오락이 《햄릿》을 쓰는 것이거나 단지 그것을 읽는 것이기만 해도, 그 우월감은 아주 경멸스러운, 더욱 더 경멸스러운(왜냐하면 초대받아 저녁 식사를 하는 건 바쁜 사람도 하는 일이니까) 것이 되지 않을까.

지적 노동에 대한 몰이해만큼 세상에 널리 퍼져 있는 것도 별로 없다. 게다가 그들의 노동보다 더 잘 숨겨지는 것도 없다. 작가들이 자신의 작업실을 개방하고, 초고를 펼쳐보이고, 작업 비밀을 밝히는 걸 별로 좋아하지 않기 때문이다. 아주 먼 옛날부터 시적 영감에 대한 여러 이론은 글쓰기에 엄청난 노동이 필요하지 않다는 걸 확인시켜 주었다. 천사가 성 마태의 손을 인도했고, 카라바조는 그런 마태를 얼이 빠진 사람으로 묘사했다. 성 마태 자신이 종종 일종의 천사로 인식되기도 했다.

작가들은 마치 불법 노동이라도 하듯 남몰래 글 쓰는 걸 좋아한다. 우리에게 친숙한 캐리커처 하나는 그림 아래에 '작업 중인 작가Writer at Work'라는 설명문이 적힌, 집필 중인 작가를 보여준다. 작가는 두 눈을 감은 채 소파 위에 누워 있고, 'zzz'의 거품들이 허공에 떠돈다. 몇 달 전 아카데미 프랑세즈에서, 우리는 프랑스어 사전 아홉 번째 개정판에 마지막 단어로 이 'zzz'를 넣는 문제를 두고 망설였다. 일부는 그것이 진짜 하나의 단어도, 의성어조차도 아니며, 그저 만화에서 잠이나 졸음을 표현할 때 쓰는 약자일 뿐이라고 반대했다(어느 면에서는 바쁜 사람들의 눈에 비친 작가의 표본 같은 거라고 할 수도 있겠다). 의견이 갈려 우리는 투표를 했고, 결국 낮잠 시간에 모인 '한 패거리'의 아름다운 상징인 양, zzz는 통과되었다. 어쨌든 프랑스어 사전을 바로 그 앞 단어인 zyklon b[28)]로 끝내는 것보다는 나왔다. 나는 '작업 중인 작가'의 편안한 자세로 브로글리 성의 장서 가득한 서재 소파에 누워 있는 지메네스 두당을 상상해 본다. 그런 그가 조금은 부럽다.

셀린은 자신의 엄청난 노동을, 책의 한 문장을 마무리 짓기 위해 빨래집게로 집은 수많은 원고 뭉치 등, 소설 집필에 쏟아부은 엄청난 노고를 강조한 드문 작가 중 한 명이다. 하지만 프루스트의 원고, 여백에 덧붙인 말들이 빼곡하고, 사방에도 덧붙인 쪽지투성이인데다, 공책에도 부록들이 가득한 그의 원고 한 페이지를 한번 얼핏 쳐다보기만 하더라도, 바쁜 사람들은 이 작가가 코르크 마개로 뒤덮인 자신의 방에 틀어박혀 놀기만 한 게 아니라는 사실을 깨달을 수 있을 것이다.

프루스트는 적극적이고 실천적이고 야심만만하나 편협한 바쁜 사람들의 맹목을 규탄한다. 그들은 문학과 문화가 삶에서 담당하는 역할에 무감각하고, 독서를 그저 하나의 오락, 소일거리, 심심풀이로 여기며, 셰익스피어의 작품을 읽는 것은 물론 셰익스피어 자체도 존중하지 않는

---

28) 제2차 세계대전 때 나치들이 유대인 학살에 사용한 살충제 '치클론 B'.(— 옮긴이)

다. 프루스트의 화자는 그런 바리새인과 마니교도적인 관점을 이렇게 은근히 반박한다.

> 그런 점에서 바쁜 사람들은 성찰이 부족하다. 그들은 이해득실과 무관한 문화라는 것, 그런 일에 몰두한 사람들을 불시에 찾아가 보면 그저 한량들의 웃기는 소일거리로 보이는 바로 그것이, 법관이나 행정가인 자신들보다 일을 더 잘하는 것 같지 않은 그들을 탁월한 사람처럼 보이게 한다고 생각할 테지만, 그들의 빠른 발전 앞에서는 "그는 학식이 대단한 것 같고, 아주 뛰어난 사람 같다"라고 말하며 경의를 표한다.

요령과 차별성

여기서 우리는 문제의 핵심으로 들어간다. 프루스트(혹은 그의 화자)는 행정가나 법관, 엔지니어, 의사 등이 교양까지 겸비하면 자신들의 직업에서 더 잘 성공하고, 더 오래 경력을 이어가고, 더 많은 보상을 받고, 삶에서 더 많은 걸 얻는다고 관찰한다. 나는 모르는 일이지만, 승진이나 상여나 보너스 등의 혜택을 누린다고 말이다.

그는 넉살맞게, 하지만 악의 없이, 문학은 모든 직업에서의 성공 수단, 기업 대표들이 말하는 소위 '경쟁 우위'를 나타낸다고 주장한다. 문학은 영어로 literary literacy라고 하는 것을 주는데, 이 표현을 나는 프랑스어로 어떻게 옮겨야 할지 모르겠다. literacy는 우선 illiteracy 혹은

illettrisme, 즉 문맹文盲의 반의어인 alphabétisation(문자 교육)을 뜻하나, alphabétisation littéraire라는 어구는 그런 특별한 능력을 말하는 데 적합하지 않다. lettrisme[29]이라는 말도 마찬가지다. 그리고 가브리엘 드 브로글리 공이 이끌던 '용어 및 신조어 위원회'가 illettrisme의 반의어로 제안하여, 2005년에 관보에 등장하기도 한 littérisme이라는 말도 있지만, 나는 이 말이 사용되는 걸 한 번도 본 적이 없다. 이 교양 능력을 가리키기 위해 사람들은 littéracie라는 말을 만들어내기도 했다(이 말은 무엇보다도 정보 문해력 information literacy의 역어로 쓰이다가 digital literacy, 즉 정보나 디지털 역량의 역어로도 쓰이게 되었다. 지금 이 어휘를 쓰는 사람들에게는 아마도 이 역량이 literary literacy보다 더 중요하고 꼭 필요한 것으로 여겨질 것이다).

가끔은 옛 프랑스 말 lettrure가 다시 쓰이기도 했다. 사실 아름다운 말이기도 하거니와, 나는 이 말이 내 머릿속에 든 생각을 나타내기에 가장 적합하다고 생각한다. 이 말은 〈딸 이자벨에게 주는 생 루이의 교훈〉이라는 글에

---

[29] 주로 전위 문학의 일맥인 '문자주의'를 가리키는 표현으로 쓰인다.(—옮긴이)

나온다. "딸아, 고해성사를 게을리하지 말고, 고해신부님은 언제나 경건한 생활 태도와 충분한 문학적 소양suffisante lettrure을 갖춘 분들 가운데서 고르도록 하여라." 이 편지는 생 루이의 일생을 이야기하는 앙리 왈롱의 책 《생 루이와 그의 시대》(1875년)에 실려 있다. 왈롱은 1875년 1월 30일에 채택된 개정안으로 제3공화국의 탄생을 돌이킬 수 없게 하는 데 공헌한 대의원이다. 1875~1876년에 공교육 장관으로 봉직하기도 했지만, 그 이전에 고등사범학교 학생·역사학자·교수 자격자·교수 등을 거친 문학적 소양 lettrure[30)]의 전도사이기도 했다.

그러니까 문학적 소양이란 한 마디로 문화, 라틴어로 '영혼의 도야cultura animi'라고 하는 것, 문학 교육이다. 몽테뉴는 자신의 책에서 자신이 말한 것 이상의 의미를 발견해내는 사람을 가리켜 "역량 있는 독자, 충분한 독자suffisant lecteur"라고 표현했다. 내가 이 책에서 다루는 문제가 바로 '충분한 문학적 소양', 혹은 문학적 역량이다(하지만 이 작은 책에 그런 제목을 단다면 멋대가리 없고 어렵고 유식한

---

30) 이하 'lettrure'를 '문학적 소양'으로 통일함.(—옮긴이)

체하는 책으로 여겨질 것이다). '넉넉한 문학적 소양'을 갖추면 모든 활동에서 경쟁 우위를 갖는 어떤 특별한 기술적 역량을 얻고, 나아가 사회적 역량까지 획득하게 되는 걸까?

나는 그렇게 생각하는 편이다. 프루스트의 말에 약간의 아이러니가 내포되어 있음을 인정하더라도 말이다. 보들레르의 글이 그렇듯이 프루스트의 글에도 이중 의미가 있다는 건 결코 터무니없는 가설이 아니다. 모든 말에 소금이 좀 쳐져cum grano salis 있다. 즉, 다 곧이곧대로 하는 말이 아니다.

그러니까 프루스트는 피에르 부르디외에 앞서, '차별성'에 관심을 기울인다. "그는 학식이 대단한 사람 같고, 아주 탁월한 사람 같다"라고, '충분한 문학적 소양'을 갖춘 아무개의 동료들은 말한다. 트집쟁이들은 곧바로 항의하려 들 것이다. 차별성distinction은 재생산reproduction, 즉 차별discrimination이라든가 분리ségrégation와 운이 맞는 말이라고 말이다. 날이 갈수록 점점 더 평등주의를 지지하는 우리 사회에서, 사람들은 그 차별성이 상속받은 게 아닌지, 네임 드롭핑 같은 게 아닌지 의심한다. 사람들은 자신을 돋보이게 하고, 자신의 교양을 과시하고, 주목을 받기 위해 자신이 알고 지내거나 책에서 읽은 유명 인사들의 이름으로 대화를 포장하곤 한다. 특출한 남자나 여자, '글을 아는' 사람이 더 나아가고, 사회적 사다리의 계단을 더 빨리 오르는 것은 "입에 은수저를 물고 태어났기" 때문이고, 특권을 누리고 있기 때문이다.

'글을 아는' 엔지니어가 다른 사람보다 더 잘 성공하게 되는 게 단지 그가 베르뒤랭의 집에 모인 사람들이 말하듯이 "그런 출신"이기 때문일까? "아! 나는 늘 당신이 그런 출신이라는 걸 알고 있었어요!"라고 베르뒤랭 부인이 샤를뤼스 남작에게 말한다. 그는 어느 장단에 춤을 춰야 할지 몰라, 이 안주인의 말이 어떤 의미인지 곱씹어 본다. 젊은 의사들은 자신들이 일하는 개인병원 원장 코타르 박사가 진단만큼은 확실히 내린다고 예찬하지만, 그보다는 "니체라든가 바그너 얘기를 함께 나눌 수 있는 좀 더 학식이 있고, 좀 더 예술적인 다른 원장들과 교류"하고 싶어 한다. 어쨌든 코타르 박사는 다뉴브 촌뜨기 출신이기 때문이다. 문학적 소양은 그것을 갖춘 사람과 갖추지 않은 사람 간의 차이를 나타내는 쉽볼렛shibboleth, 즉 일종의 암구호로 천생 엘리트 소속임을 말해주는 징표 같은 걸까? 세르주 갱스부르의 1966년 노래처럼 '안'에 있는 자와 '밖'에 있는 자를 가르는?

지메네스 두당과 프루스트 시대의 사람들은 '요령'이라는 것을 높이 평가했다. 요령 있는 사람, 즉 삼가고, 조심하고, 주제를 알고, '자기를 지울 줄' 아는 사람이 멀리 간다고 생각했다. 물론 프루스트는 공작부인들 집에 초대받아 갔을 때 요령 있게 처신하지 못했다. 왜냐하면 그런 제5의 감각이 몸에 배어 정말로 "그런 출신"이 되기까지는 여러 세대가 걸리기 때문이다. 게르망트 공작 부부가 화자의 행실에 감탄한 유일한 때는, 그가 어느 리셉션장에서 공작이 영국 여왕의 팔짱을 끼고 있는 모습을 보고, "공작이 그에게 우정을 드러내며 손짓"을 보내는데도 그에게 다가가길 삼가고서, 마치 그를 겨우 조금 알 뿐이라는 듯, 멀리서 조용히 고개만 조아렸을 때였다. "어쩌면 나는 걸작을 한 편 쓸 수도 있었을 테고, 대공 부부에게 이런 인사보다는 좀 덜 예를 차려도 되었을지 모른다." 프루스트는 자신을 '에이번강의 시인'[31] 같은 존재로 여기진 않았으며, 그의 말은 다만 바쁜 사람들이 문인들 앞에서 느끼는 우월감을 서술하는 표현에 가깝다. 아무리 그들의

"오락이《햄릿》을 쓰는 것"이라 할지라도 말이다. 바로 여기서 우리는 아픈 곳을 건드리게 된다고 결론지을 수 있을 것 같다.

'학식 대단한 사람'을 '아주 탁월한 인물'로 만들고 그의 경력을 도와줄 그 자질이란 게 결국은 사교계 요령에 지나지 않는 걸까? 프루스트도 그렇지만, 내가 보기에도 '역량 있는 독자들', '넉넉한 문학적 소양'을 갖춘 남자와 여자들은 다른 이유로, 태생적 특권이 아닌 더 나은 이유로, '역량이 부족한 독자들' 혹은 '문학적 소양이 부족한' 동료들보다 좀 더 멀리 나아가는 것 같다. 글을 아는 직장인이 문제를 더 잘 해결하고, 좀 더 높이 올라가는 게 그저 단순히 집안이 좋아서일까? 문학이 그에게 사람과 세상사를 좀 더 잘 이해하게 해주기 때문이 아닐까? 이탈로 칼비노는 이렇게 썼다.

문학이 탐구하고 가르칠 수 있는 건 그리 많지는 않으나

---

31) '에이번강의 시인le Barde d'Avon'은 셰익스피어를 가리키는 별칭이다.(—옮긴이)

다른 것으로 대체할 수 없는 것들이다. 말하자면, 가까운 이웃과 자기 자신을 바라보는 방식, 크고 작은 사물들에 가치를 부여하는 방식, 삶의 균형을, 삶에서 사랑의 자리라든가, 그 힘과 리듬을, 또한 죽음의 자리를 찾는 그 방식, 그밖에 다른 일들, 냉혹함, 연민, 슬픔, 아이러니, 유머 등, 필요하지만 어려운 일들을 생각하거나 생각하지 않는 그 방식 등.[32]

낭트 칙령Édit de Nantes이 영국 여자(에디트)인 줄 아는 상류층의 어리석음을 준엄하게 꾸짖는 프루스트는 두 문화가 호환될 수 없다는 주장에 동조하지 않는다. 여기서 말하는 두 문화란 C. P. 스노우가 1959년 케임브리지 대학에서의 유명한 강연에서 화합 불가능하다고 말했던 과학 문화와 문학 문화가 아니라,[33] 바레스가 《뿌리 뽑힌 사람들》에서 대립시킨 두 문화, 티보데의 《교수들의 공화국》(1927년)을 통해 널리 퍼졌으며 피에르 부르디외와 장-클

---

32) 이탈로 칼비노, 《사자의 골수》, 1955년.
33) C. P. 스노우, 《두 문화와 과학 혁명》, 케임브리지, 케임브리지 대학 출판부, 1959년.

로드 파스롱의 책들,《상속자들》(1964)과《재생산》(1970년)을 통해, 그 후 다시 피에르 부르디외의《차별성(구별 짓기)》(1979년)에 의해 확고해진 '상속자들'의 문화와 '장학금 수혜자들'의 문화다. 두 문화가 호환될 수 없다면, 우리는 우리의 '사회적 자본'과 '문화적 자본'에 의해 태어날 때 이미 거의 결정될 것이다. 시골에서 태어나 윌름 가(파리 고등사범학교)를 거쳐 콜레주 드 프랑스의 교수가 된 부르디외는 자신을 "기적적 생존자"요 "행복하지 않은" 대학교수로 규정했다("르 봉 플레지르", 〈프랑스 퀼튀르〉 방송, 1990년 6월 23일). 바레스가 '탈계급'이라고 부른 것, 당시의 사회적 신분 상승을 가리킨 이 변화는 고통이나 치유할 수 없는 트라우마 없이는 결코 이루어지지 않을 것이다. 최고의 선발시험에 합격하더라도, 그 자부심에 늘 수치심이 따를 것이다. 획득한 차별성은 도리언 그레이의 청춘처럼 일시적 외관일 뿐이다.

우리는 우리의 메리트를 가질 자격이 있는가?

물론, '역량 있는 교양인'이 갖춘 교양, 그의 대화, 그의 정신, 그의 차별성, 또 그의 요령은 이따금 진로나 승진이 결정되곤 하는 살롱이나 휴양지 같은 곳에서 도움이 될 수 있을 것이다. 《잃어버린 시간을 찾아서》에 등장하는 훈남 르그랑댕을 보자. 그는 엔지니어 시인으로, 겉멋을 부리는 우스꽝스러운 인물이다. 물론이지만, 모든 직업 활동에서 문학적 소양으로 얻는 경쟁 우위와 영혼의 도야를 소홀히 하는 바쁜 사람들에 대한 프루스트의 고찰에는 약간의 빈정거림이 있다. 우리 모두는 성공을 갈망하는 속물 출세주의자 르그랑댕 같은 사람을 만나본 적이 있다. 르그랑댕은 출세를 갈망하지만 멀리 가지 못하고, 콩브레를 벗어나지 못한다. 이 "속물주의의 성 세바스챤" 같은 인물의 "구멍이 좀 난" 차별성은 아직 어린아이인 주인공의 눈에도 금방 드러난다. 그리고 의사 코타르, 반박 불가의 진단 능력을 지닌 바보요 서민의 아들인 코타르는 베르뒤랭의 집을 자주 방문하며, 사람들 눈에 띄고 동료들에게 존경받는 사람이 되었고 직업적·사회적 영향력도 없지 않다. 의학 아카데미 회원, 레지옹도뇌르 훈장, 그 밖에 여러 부르주아 장신구나 '기관의 권위'를 나타내는 것들도 지녔다. 그럼에도 불구하고 그는 여전히 바보지만, 그것 때문에 탁월한 의사가 되지 못하진 않는다. 프루스트는 무식함의 사교계 코미디를 즐겨 묘사하나, 생각만큼 그런 게 아주 심한 작가는 아니다.

한데 문학적 소양이 꼭 태생적 특권이자 기득의 특혜일까? 지난날의 공화주의적 능력주의가 점점 더 의심받고 있는 이 시점에, 나는 이 질문을 이렇게 요약하고 싶다. 우리는 우리의 '메리트'를 가질 자격이 있는가? 같은 말의 되풀이로 들릴 수 있지만, 이것은 분명 문제를 제기한다.[34]

그리스어 메로스méros는 어떤 전체의 일부(이성체isomère 또는 중합체polymère 같은 말에서 보듯)다. 그것은 모두가 제 몫으로 갖는 것이다. 그것은 결국 운명이 우리에게 예비해둔 몫이며, 그래서 그것은 누군가가 가질 자격이 있어서 갖는 것일 수 없다. 인도-유럽어 어근 (s)mer는 '제공'하거나 '조달'하는 행위를 가리킨다. 부모는 생명을 주고, 운명은 모든 사람에게 그의 몫을 주고, 그의 운수를 예비해둔다.

그런 일을 하는 세 여신을 모에라이라고 한다. 이들은 모든 삶을 행운과 불운, 성공과 실패의 조합으로 만드는 운명의 화신들이다. 생명의 실을 짜는 '직조자' 클로토, 실을 펼치는 '분배자' 라케시스, 그리스인들이 죽음을 표상하듯 실을 이빨로 끊는 '가차 없는 자' 아트로포스가 그 셋이다.

이 모에라이는 로마 신화에 '파르카이Parcae'로 받아들여지는데, 그들의 이름은 그리스어 메로스를 번역한 파르스pars에서 유래한다. 한데 그리스어에서 라틴어로, 메로스에서 파르스로 바뀌면서 개념이 더한층 풍부해진다. 부

---

34) 〈비평〉지의 '자격 논쟁' 특집호(2022년 3월, 제898호)에 실린 훌륭한 글들, 페드로 코르도바의 〈학교와 자격(메리트)의 이율배반〉, 폴-앙드레 로장탈의 〈집중 공격받는 능력주의, 프랑스 사회의 두 가지 모순된 강박관념〉 참조.

분partie, 당parti, 당원partisan, 준비préparation, 분리séparation, 수리réparation, 참여participation, 공유partage 등은 물론, 황제 empereur, 제국empire, 심지어 친족parenté이나 분만parturition 이라는 말 등이 모두 파르스에서 유래한다.

요컨대 메리트는 단지 메로스 또는 파르스, 즉 우리에게 몫으로 굴러들어온 것일 뿐, 누가 그것을 가질 자격이 있어서 갖는 것이 아니다. 중세 신학자들의 논쟁이나 현대 사회학의 논쟁이 모두 이 말들의 두께 속에 각인되어 있다.

플라톤은 《공화국》에서 "에르Er의 신화"를 이야기하는데, 이 신화가 상황을 복잡하게 만든다. 몫의 분배자 라케시스의 이 대변인은 환생할 준비가 된 영혼들에게 그들 스스로 자신의 메로스를 선택하게 될 것이라고 예고한다. 방점이 자유에, 심지어 자유 의지에 놓인다. 플라톤은 모든 사람이 자신의 몫을 취하라고, 자신의 메리트를 가지라고 권한다. "선택에 대한 책임은 그 선택을 한 사람에게 있으며, 신은 그것에 대해 책임을 지지 않는다."

결국 플라톤은 메로스의 자유로운 선택이라는 능력주의적 주장의 창시자인 셈인데, 이 주장에 대해 부르디외는 주사위는 그 전에 이미 던져졌고 능력주의는 사회적 재생산을 눈가림하는 것일 뿐이라고 맞서며 끊임없이 다퉜다. 게다가 《공화국》에서도 이미, 영혼들이 라케시스 앞을 통과하는 순서가 무차별적이지 않았다. 그것은 개인의 자유로운 선택에 앞서 이미 제비뽑기로 결정되어 있었다. 앞선 사람들에게는 선택의 여지가 많았지만, 맨 뒤의 사람들에겐 별 여지가 없었다. 선택의 자유가 제비뽑기로 결정된 순번에 달려 있다면, 혹은 어떤 메리트가 되었건 그것을 갖기 훨씬 전에 이미 주사위가 던져졌다고 보는 부르디외의 주장처럼 그것이 출생에 달려 있다면, 개인이 자신의 메리트에 대해 어떤 책임을 지겠는가?

능력주의의 밑바탕에는 공화국 학교가 개인의 궤적에 영향을 미치는 사회적 불평등을 무력화할 수 있고, 상속과 재생산을 바로잡을 수 있으며, 사회적 출신과 교육 경로, 교육 경로와 사회적 지위 사이의 연결 고리를 끊을 수 있다는 생각이 깔려 있다. 하지만 학교의 이러한 능력을 부인하는 것이 사회학의 일반적 논거다. 더욱 나쁜 것은, 단일 학교, 단일 단과대학이 대중의 학교(학력 증명서로 이어지는)와 부르주아지의 학교(바칼로레아로 이어지는)를 합병하여 사회적 재생산을 은폐함으로써, 각 개인이 자신의 개인사에 관해 책임을 지게 했고, 따라서 자신의 실패에 관해 책임을 지게 했다는 것이다.

50년 전 내가 에콜 폴리테크니크에 입학했을 때만 해도, 사람들은 자신의 메리트가 자신의 노력을 보상하여 그 학교에 들어갈 수 있게 해주었다고 믿었다. 나는 내가 상속자라는 사실을 의식하지 못했다. 하지만 어느 모로 보나 나는 상속자처럼 보였다. 장교의 아들이자 손자이고, 폴리테크니크 출신자의 증손자다. 증조부 자신은 블루칼라 노동자의 아들로, 샹탈 자케의 명칭을 빌리면 소위 "계급 횡단자"(《계급 횡단자들 혹은 비-재생산》, 2014년)였다. 나는 이따금 제2 제정 하에서 어떻게 노동자의 아들이 폴리테크니크에 입학할 수 있었는지 궁금해하곤 했다. 오늘날 이 학교는 상속자들이나 CSP+[35], 심지어 폴리테크니크 출신들의 재생산에 막대한 공헌을 했다는 것과 사회적 승강기를 설치하지 못했다는 이유로 엄청난 비난을 받고 있기에, 증조부가 이룬 위업이 내게는 도무지 사실처럼

---

35) 마케팅이나 경제 분석에서 쓰이는 약자로, 기업 대표, 간부진, 전문직, 엔지니어, 연구원 등, 고소득을 올리는 특권화된 사회직업 범주들을 가리킨다.(―옮긴이)

여겨지지 않았다. 내심 나는 '콩파뇽Compagnon'이라고 불리던 노동자는 이미 일종의 엔지니어였으며 중세 때부터 '투르 드 프랑스의 동료들compagnons'이라는 동업조합에서 훈련받은 엘리트 집단에 속했을 거라고 생각했다. 하지만 그건 허황하기 짝이 없는 생각이었다(아버지는 그런 가족 전설을 믿고 돌아가셨다). 최근 조사를 통해 나는 '콩파뇽'이라는 이름이, 이 이름을 가진 사람들이 여럿 살았던 어느 마을에서 유래하며, 수 세기 전 교구 기록에 따르면 그들이 쟁기꾼과 막노동 인부들이었다는 사실을 알게 되었다. 부끄럽게도 나는 증조부가 이룬 사회적 지위 상승의 가치를 깎아내리고, 그 마을에서 멀지 않은 곳에 세워진 소다 제조 공장 노동자가 된 쟁기꾼 아들의 업적과 메리트를 제대로 인식하지 못했던 거였다.

당시, 제2 제정 하의 행정부가 보기에, 서민이 폴리테크니크에 들어가는 것은―사회적 지위 상승(바레스가 말하는 탈계급)이 아니라―국가 기관의 전통적 권위 약화와 사회 전복의 위험을 초래하는 것이었다. 사람들은 국가 보조금 수혜를 통해 얻는 사회적 지위 향상을 경계했다. 반란에 대한 강박적 두려움은 1860년에 공학 감찰관 프로사르 장군이 쓴 "〈황립皇立 특수 군사 및 종합기술 학교〉 학생들에게 지급하는 장학금 문제에 관한 메모"에 잘 나타나 있다. 그는 본인도 폴리테크니크 출신이지만 자녀 셋도 폴리테크니크 학생이었다(이미 당시에도 이런 근친 교배가 만연했다).

> 국가가 매우 낮은 지위에 있는 가난한 가정, 예컨대 노동자 가정이나 소상공인 가정을 도와서, 그들의 탈계급 성향을 조장하고, 그래서 그들의 자녀가 학교를 통해, 학교가 육성하는 민간·군사 관련 직업에 쉽게 접근하게 한다? 이는 의혹의 여지가 있다.
> 우리 학교에 와서 충원해간 공공직 가운데, 권력에 반항하고, 기존의 것에 불만을 품고 시기하며, 사회 변화를 열망하면서 문제를 일으키곤 하는 젊은이들이 더러 있는데, 그들은 거의 늘 정부의 시혜 덕에 성장한 가난한 하층민 출신들이다.[36]

---

36) 윌리암 세르망,《프랑스 관료의 기원, 1848~1870년》. 소르본 대학 출판사, 1979년.

하급 장교의 아들이었던 프로사르 장군은 일단 문을 통과하면 그 문을 닫으려는 능력주의 수혜자 중 한 명이었다. 그러나 제2 제정 하에 폴리테크니크에 입학한 노동자 자녀의 수는 오늘날보다 적지 않았던 것 같다. 상속자가 되기까지는 몇 세대가 걸릴까? 나는 아버지가 상속자처럼 행동하는 걸 본 적 없고 나도 그런 적 없다고 생각하지만, 나로선 이렇게 자문해보지 않을 수 없다. 내가 가진 메리트는 상속에 빚진 게 얼마이고 노력에 빚진 게 얼마일까? 그 각각의 몫이 얼마나 될까? 콜레주 드 프랑스에, 아카데미 프랑세즈에 들어오기까지? 그건 그리 쉬운 일이 아니었다.

50년 전만 해도 사회적 출신, 교육 경로, 직업 경로 사이의 관계는 무시할 수 있었다. 하지만 지금은 더는 그렇지 않다. 오늘날 프랑스에서 사회적 재생산(학벌과 사회적 지위의 재생산)은 통계가 보여주듯—언론은 반대 주장을 되풀이하고 있으나—감소 추세에 있긴 하지만, 덜 강력한 게 아니요, 심지어는 아주 강력하다고 할 수 있다. 신뢰할 만한 한 지표에 따르면, 소득 최하위 20퍼센트 가구의 자녀 중 10퍼센트만이 성인이 되어 소득 최상위 20퍼센트 가구에 속한다(이탈리아와는 같고, 미국보다는 나으며, 스칸디나비아 국가들보다는 못하다)[37]. 사회적 하향 이동(현행 의미의 탈계급)도 늘어난다고 하나 상향 이동보다는 빈도가 낮다. 예전, 그러니까 제3공화국 시절에는 상황이 더 나았다는 증거는 어디에도 없다. 많은 사람이 그 시절을 이상적으로 여기지만, 당시에도 열등생과 학업 중도 포기자는 많았다. 차이라면 학위가 없어도 실업자로 전락하지 않고, 활발하고 행복한 직업 및 개인 생활을 영위할 수 있었다는 것뿐. 달리 말해서, 재생산은 물리적 법칙이 아니라 통계적 법칙이라는 것, 사회학자들의 생각에 영향을 받은 언론의 선언에도 불구하고 사회적 승강기는 고장나지 않았지만 그 폭이 너무 협소하다는 것, 출신 학교와 사회계층의 무게가 여전히 상당하다는 것이다. 이러한 여건에서, 내 몫에 대한 책임은 나에게 있는 걸까? 메리트는 특권에 따라 얼마나 달라질까? '충분한 문학적 소양'은 단지 하나의 '문화 자본'일 뿐일까?

---

[37] 귀스타브 케네디, 루이 시뤼그 공저, 〈프랑스의 세대 간 소득 이동. 지리학적 비교 분석〉, 프랑스 공공정책연구소, 〈메모〉, 제95호, 2023년 10월.

"자기 계급의 복수"를 한다는 것

 아무래도 우리는 부르디외와 프루스트 중에서 선택해야 할 것 같다. 차별성을 하나의 상속된 특권에 불과한 것으로 볼지, 아니면 독서라든가 모든 형태의 학식, 즉 뛰어난 작품들과의 접촉을 통해 기를 수 있는 '충분한 문학적 소양'으로 볼지 말이다.

 하지만 양자의 대립을 과장하지는 말자. 부르디외를 보라. 공화주의적 능력주의의 탁월한 산물인 그는 사회가 꼼짝달싹도 하지 않는 게 아니요, 모든 것이 태어날 때 완전히 결정되지는 않는다는 걸 두 발로 증명해준 증인이다. 한편 몽소 평원에서 자란 프루스트는 출세주의 혹은 소셜 클라이밍social climbing이 뭔지 너무나 잘 아는 사람이다. 그의 아버지는 시골 출신의 장학금 수혜자로 파리 의과대학 교수와 제3공화국 유력자가 된 사람이었고, 어머니 쪽은 1791년 유대인 해방 이후 3세대에 걸쳐 부르주아화한(부르주아 계급에 동화, 혹은 요즘 사람들이 선호하는 표현으로는 '수용acculturée'된)집안이다. 다들 게임에서 자신이 가진 패로 최선을 다하지만, 패가 약하면 돈을 딸 기회, 큰돈을 딸 기회가 그만큼 제한된다.

이미 나는 학교와 선발시험에서, 교양(외국어 포함)을 사회적 차별화의 주범으로 의심하는 시각에 대해 언급한 바 있다. 불공정하고 차별적이며, 소외 계층보다 상속자, 피지배자보다 지배자, 다양성보다 근친 교배에 부당하게 유리하게 작용하기에 비난받아 마땅한 것이라고 보는 시각 말이다. 일부 고명한 특권층이 지붕에 올라가, 젊은 시절에 다녔던 최상류 파리 대학에서만큼 총체적 무식과 소매상인들의 범속함을 많이 접해본 적 없다고 외쳐본들, 그들의 변명을 진지하게 받아들이는 이는 아무도 없다(원래 특권층은 자신들이 누리는 특권을 깊이 알지 못한다). 역사적으로 프랑스는 서양의 다른 모든 지역에 영향을 준 마초 전통, 가부장적 이데올로기, 소위 '강간 문화'의 폐해 없이 늘 온

건 프랑스를 탈 없이 유지해왔음을 확언하기 위해, '구체제ancien régime'[38] 때의 프랑스인들의 갈랑트리(여성에 대한 친절)와 살롱에서의 세련된 대화를 소환하는 지식인들의 변명만큼이나 말이다.

문학적 소양은 특권이며 어떤 이들에게는 태어날 때부터 주어지지만, 그것은 정복될 수 있는 특권이다. 지난날, 제3, 제4 공화국과 그 맥을 이은 제5 공화국에서, 계급 이동자들은 자신들이 습득한 학문에 자부심을 느꼈고, 《뿌리 뽑힌 사람들》의 주류酒類 감독관 오귀스트 뷔르도에서부터 바레스의 요리사의 조카 에두아르 에리오, 소읍 퐁부디프의 아이 조르주 퐁피두까지, 이 "공화주의적 능력주의의 순수한 산물들"은 '교수 공화국'의 수많은 저명 대표들을 본받아, "파리 엘리트의 완벽한 화신이 되었다." 한데 요즘은 많은 이가 이를 부끄러워하고, 자신을 배신자로 느끼고, 분노를 드러낸다. 많은 '계급 변절자들'이 자신의 신분 상승 이야기를 책으로 펴내지만, 이야기의 도덕적 기조가 애매하다. 계급 이동자들이 자신의 경우는 예

---

[38] 1789년 프랑스 혁명 전의 절대 군주 체제.(— 옮긴이)

외라고 말할 때라든가, 자신의 성공을 불행한 도망이나 탈주로 경험했다고 할 때 말이다.

아니 에르노의 경우를 보자. 노벨상 수상 이후, 나는 그녀의 충분한 문체를 부정하는 깐깐한 비평가들의 반대에 맞서 그녀를 옹호한 바 있다. 나는 그녀가 프루스트를 비난한 것, 《잃어버린 시간을 찾아서》에 그려진 계급에 대한 편견들을 비난한 건 용서한다. 그녀는 프루스트가 소설에서 프롤레타리아 계급, 즉 하인들을 다루는 그 방식을 참지 못하며(그녀는 아르카드 가에 있는 쥐피앙의 집에서 만난 병사들 얘기는 빼트린다), 하녀인 프랑수아즈에 대한 프루스트의 시건방진 묘사를 비난한다. 여기까지는 좋다.

내가 그다지 동의하지 않는 건 학교에 대한 그녀의 원한이다. 학교는 그녀가 교사로서 자신을 꽃피운 곳이자, 요즘 젊은이들을 맥빠지게 할 얘기가 될지도 모르겠으나, 은퇴할 때까지 그녀에게 글 쓸 시간을 제공해준 직장이었다. 누차 그녀는 "자기 종족의 복수"를 하겠다고 선언했는데, 그것은 어떤 종족, 아니 어떤 계급을 두고 한 말인가? 그녀의 부모는 카페 겸 식료품점을 운영했다. 그들은 더이상 프롤레타리아라고 할 수 없는 작은 가게 주인이었다. 그들은 계급 변절자들, 자신들의 계급을 떠난 사람들이었다. 마을 식료품점은 가난한 사람들에게 돈을 빌려주고, 외상으로 달아놓고, 월말에 그들이 임금을 받을 때까지 대부업자 역할을 한다. "종족의 복수"를 한다는 아니 에르노의 말에서, 나는 그 '종족'을 이전 세대의 문맹 쟁기꾼과 막노동자 계급이 아니라, 딸을 국공립학교보다는 사립 가톨릭 학교에 보내려고 피땀 흘리며 일하는 식료품점 주인 계급으로 이해한다.

계급 이동은 한 세대에 이루어지는 경우가 드물다. 프루스트의 아버지 아드리앙 프루스트 박사의 부모는 아니 에르노의 부모가 이베토에서 그랬듯 일리에에서 식료품점을 운영했다. 아니 에르노의 어머니는 이미 열성 독자였다. 양서들, 학교에서 배우는 책들을 읽지 않았는지는 모르겠으나, 어떻든 책을 읽었고, 외동딸을 잘 키우려는 야심에 차 있었다. 서너 세대만 올라가도 프랑스의 거의 모든 이가 흙수저 출신이다. 사회적 지위 향상을 위해서는 계단이 있어야 하고, 그 계단을 오를 자식을 위한 부모의 야망, 제자를 위한 교사의 야망이 있어야 한다. 아버지·어머니·선생 등, 누군가가 우리를 위해 야망을 품었다. 그 자신은 농부의 아들딸로 태어나 고등사범학교를 다녔다. 그들이 품은 야망의 열매를 따 먹는 이들보다는, 바로 그 혹은 그녀가 존경받아 마땅한, 박수를 받아 마땅한 진짜 탈주자다. 알랭 핑켈크로트가 팡테옹에 들이고 싶어 했던 카뮈의 스승 루이 제르맹 같은 이가 그렇다. 오늘날에도 계급 이동자 대부분은 자신들의 이야기와 작품에서, 부모나 선생님이 노력을 자극하고 야망을 심어주었다는 사실을 인정한다. 충성에 대한 갈등, 말하자면 출신 환경에 대한 과거의 부끄러움이 출신을 배반했다는 부끄러움으로 바뀌고, 떠나온 계급에 대한 향수를 느끼며 자신이 편입한 계급에 분노를 드러내면서도 말이다. 앞에서 말했듯이, 자신을 계급 이동자로 소개하는 사람들의 이야기는 그래서 애매하다. 그들의 예는 노력하면 성공할 수 있다는 희망을 주지만, 또한 자신을 평생 트라우마에 시달리는 기적적 생존자로 소개함으로써 절망을 안겨주기도 한다.

장학금 수혜자와 서민층 학생의 그랑제콜 입학은 분명 충분하지 않다. 한데 교양(인문학)과 외국어 대신, 자원봉사, NGO 활동 여부, 경력 유효성 인증(VAE)[39], 혁신에 대한 취향 등으로 선발하는 시스템이 해결책이 될 수 있을까? 문화, 문학, 외국어를 없애버리는 것이? 1902년경, 현대 인문학 논쟁이 일었을 때, 고등학교에 현대식 분과가 도입되고 현대식 바칼로레아 제도가 도입되었을 때, 라틴어 문제가 이와 비슷한 맥락에서 제기되었었다. 라틴어가 상속자들에게 부당한 특혜를 준다는 게 이유였다. 예를 들면, 그때까지만 해도 라틴어와 문학 바칼로레아는 에콜 폴리테크니크 입시에서 가산점을 부여받았는데, 이는 이과 바칼로레아만 가진 서민 자녀들을 배제하는 방법이라는 얘기다. 지금은 프랑스의 국어, 국어 시험의 정당성 자체가 논의 대상이 되어 있다. 국어, 작문, 논술이 CSP+의 자녀들에게 유리하다는 이유로 시험에서 배제되어야 하는가? 그러나 앞에서도 말했듯이, 수학은 언어와 모든 접속사에 대한 숙지를 요구한다. 그것들도 문제시해야 할까?

1970년대에 사람들은 국어 수업에 도입된 형식주의 교수법과 중고등학교 문학 수업에 도입된 서사학을, 쥘 페

---

39) "Validation des acquis de l'expérience"의 약어로, 직업 경력에 대학 교육 이수와 같은 자격을 부여하는 시스템을 말한다.(—옮긴이)

리 이래로 시행되어 온 문학사 및 텍스트 해설(변호사나 여타 담론 생산 부르주아 계급을 재생산하는 케케묵은 수사학보다 더 민주적이고 포괄적이라고 생각해서 그 당시에 만들어졌던)보다 더 중립적이고 덜 차별적이라는 이유로 정당화했다. 내적 또는 외적 초점화, 혹은 전지적 관점, 동종 화자, 이종 화자, 외적 화자, 내적 화자 혹은 자율적 화자 등, 이런 간단한 산술은 특권층 자녀만이 아니라 모든 사람이 사용할 수 있다는 것이다. 늘 논란거리가 되고 문제를 제기하는 텍스트의 의미와 아름다움에 관심을 두지 않고 오로지 기술적 방식들에만 관심을 두기에 말이다. 텍스트를 해석하는 것은 문화적 지식을 요구하고 그래서 상속자들에게 유리할 것이다. 그러니 그렇게 하는 걸 피하자. 하지만 문학이 그런 장치들로 축소되고 나면, 문학에서 남는 게 무엇이며, 책이 주는 교훈, 독서의 혜택에서 남는 게 무엇일까?

물론 프루스트는 약간은 농담조로 문학적 소양이 삶을 위한 투쟁에서의 성공 수단 같은 거라고 주장하지만, 그 바쁜 사람(남자)들―여자도 포함하여(프루스트는 흔히 그러듯 남자들을 대상으로 얘기하지만 사실 그는 모든 사람을 염두에 두고 말을 한다)―이 짧은 생각으로 문학에서 멀어지더라도,

깊은 성찰이 그들을 다시 문학으로 인도할 것임을 부정하지 않는다. 야망도 함께 말이다. 자신들이 운명적인 순간에 보여준 야망을 이제야 부끄러워하고 뒤늦게 그것을 배신으로 인식하는 계급 탈주자들이 그러듯, 야망이라는 이 모호한 말을 나쁜 쪽으로만 받아들이는 건 적절치 않다.

"야망은 꼬마 친구들의 악덕이 아니다"

"야망은 꼬마 친구들의 악덕이 아니라, 우리 같은 이들이 하는 노력의 악덕이다." 몽테뉴는 그렇게 선언했다. 그러니까 그는 자신의 야망을 부인했지만, 야망을 포기하지 않았고 귀족·정치인·작가로 모두 다 인정받고자 했다. 최근 리투아니아의 수도 빌니우스에 있는 한 프랑스 고등학교 졸업반 학생들을 만났는데, 상급학교 진학 방향을 결정해야 할 때가 된 그들이 나의 '경력'에 관해 질문을 했다. 그들은 내가 과학을 공부했으나 그 후 오랫동안 문학을 가르쳤고 여러 권의 책을 펴낸 것을 알고 있었다. 그들은 그런 경력의 논리를 이해하지 못했다. 엔지니어로서의 보장된 미래를 포기하고 다른 길에 뛰어들어 실패할 위험을 감수하는 것이 그들에게는 상식에 어긋나 보였다. 이 현명한 젊은이들, 적어도 미래의 '바쁜 남녀'들이 할 법한 말을 한 그 젊은이들의 생각은 그늘 때문에 먹잇감을 포기해서는 안 된다는 것이었다.[40] 나는 이렇게 대답했다. "그렇습니다, 제가 엔지니어의 길을 계속 갔다면, 나는 문학적 소양도 없지 않았기에, 프루스트의 논리대로라면, 아마 목표를 달성했을 테고 큰 기업의 CEO가 되었을 겁니다. 나는 변절했기에, '큰 학교 기관' 몇 개를 정복하는 수밖에 없었습니다." 농담이었지만 완전히 농담은 아니었다.

최근 몇 달간 문학의 복음을 전하러 이리저리 너무 많이 돌아다닌 탓에 어디서 누가 한 질문인지는 잊어버렸지만, 누군가가 내게 과학에서 문학으로 전향했을 때 가족이 어떤 반응을 보였는지 물었다. 그것은 오늘날 뉴스에서 자주 접하는 성전환만큼 충격적인 건 아니었으나, 고민스러웠던 게 사실이다. 하지만 이상하게도 나는 전에는 한 번도 그런 질문을 받은 적이 없다. 한데 지금은 그

---

40) 헛된 이득을 좇다가 진짜 이득을 놓치게 된다는 교훈을 담은 라퐁텐의 우화〈그늘 때문에 먹잇감을 포기한 개〉참조.(—옮긴이)

런 질문이 다양한 형태로 내게 던져진다. 빌니우스 고등학생들이 한 질문에도 이 의문이 암묵적으로 내포되어 있었다. 그건 어쩌면 내가 이제 그들의 할아버지 세대가 되어서인지도 모른다. 구세계를 산 사람이라 좀 더 호기심을 느끼고, 권력을 넘겨주었기에 좀 더 자유롭게 느껴지는 세대가 되어서 말이다. 하지만 나는 조부모님 없이 청소년기를 보낸 터라 이런 설명이 맞는지는 모르겠다.

나의 대답은 나의 문화적 전향에 관해 가족끼리 얘기를 나눈 적이 없었다는 것이다. 나는 전향 훨씬 전에 어머니를 여의었고, 아버지와는 이 주제로 대화를 나눈 적이 전혀 없다. 아버지가 나의 학업에 마지막으로 개입한 것은 아주 오래전으로 거슬러 올라간다. 1960년, 그러니까 열 살 난 내가 중학교에 입학했을 때였다. 당시 아버지는 알제리에서 연대를 지휘하다가 4년 만에 귀가했다. 사실 우리는 그런 드문 휴가 때만 아버지를 만났고, 그래서 서로를 잘 알지 못했다. 집에 돌아온 아버지는 아주 가깝게 지냈던 당신의 아버지가 당신께 그랬던 것처럼, 자신이 옳은 일을 한다고 생각하고서 내게 프랑스어·라틴어·수학 숙제를 보여 달라고 했다. 하지만 일은 당신 생각대로 되지 않았다. 어머니는 우리를 자유롭게 내버려 두었었다. 그래서 그때까지 나는 학교생활을 완전히 독립적으로 관리해왔기에 아버지의 간섭이 견딜 수 없었고, 그래서 아버지는 금방 포기하고 말았다. 내 기억엔 아버지의 그런 가정교사 노릇, 혹은 의무감이 몇 주도 채 지속되지 않았고, 그런 일이 두 번 다시 되풀이되지도 않았던 것 같다. 나는 아버지와 상의하지 않고 과학 분야에서 공부했고, 역시 아버지와 상의하지 않고 문학으로 전향했다. 아버지는 나의 '콜레주 드 프랑스' 취임 강연에는 기꺼이 참석했지만, '아카데미 프랑세즈'[41] 입회 연설을 들으러 오지는 않았다. 분명 아버지도 나처럼, 두 문화를 대립시키는 게 별 의미 없는 일이라고 생각했을 것이다. 아버지 자신도 아들만큼이나 이분적이지 않은 사람이었고, 어쩌면 아주 훌륭한 역사가가 되었을 수도 있었다.

로맹 가리의 생가 맞은편에 있는 빌니우스 고등학교 학

---

[41] Académie française. 1635년 리슐리외 추기경이 설립한, 프랑스어를 표준화하고 다듬는 역할을 하는 프랑스의 기관이다. 회원 자신들이 선출하는 40명의 회원으로 구성되어 있으며, 프랑스 학술원의 다섯개 아카데미 중 첫 번째 아카데미이다.(—옮긴이)

생들에게 나는, 지금 과학 쪽을 공부하고 있다고 해서 독서를 그만두지는 말고, 문학을 공부하고 있다고 해서 수학을 중단하지는 말라고 말해주었다. 적어도, 나중에 여러분이 어디에서나 유용하게 쓸 수 있는 통계와 확률 정도는 좀 알아두는 게 좋다고. 물론 근접 독서, 영어로 클로즈 리딩close reading이라고 하는 것, 즉 주의 깊고 강렬하고 꼼꼼한 독서가 진정한 유일의 독서이긴 하지만, 저의 컬럼비아 대학교 옛 동료인 프랑코 모레티가 《원거리 독서 Distant Reading》(2013년)라고 명명한 것, 즉 엘리자베스 시대의 모든 연극, 빅토리아 시대의 모든 소설, 모든 고전 비극, 모든 사실주의 혹은 자연주의 소설을 단 몇 초 만에 훑는 기계들의 독서, 또한 셰익스피어가 쓴 작품으로 알려진 희곡들은 정말로 셰익스피어가 쓴 게 맞고, 코르네유는 몰리에르가 쓴 희곡들의 저자가 아니며, 가짜 랭보는 정말 가짜 랭보라는 사실 등을 확인해주는 기계들의 독서, 소위 디지털 인문학 덕에 가능해진 이 독서가 앞으로는 문학인들도 훌륭한 분석가이자 프로그래머가 되기를 점점 더 요구하게 될 것이라고 말이다.

모두를 위한 문학

하지만 너무 앞서 나가지 말고, 모든 사람의 삶과 교육에서 문학의 자리를 유지하거나 심지어 더 강화하는 것이 다른 무엇보다도 시급한 프로그램이라는 사실을 잊지 말자. 영화 〈벽들 사이에서〉의 중학생들은 국어 수업에서 배운 게 무엇인지 묻는 선생님의 질문에 대답하지 못했지만, 문학을 포함한 일반 문화 교육은 여전히 과학 및 경영학 분야 예비반 수업에서도 이루어지고 있는 만큼, 그런 분야들에서도 미래의 바쁜 남녀들을 위해 타당하다고 평가받고 있음이 분명하다. 반면, 직업 고등학교에서는 말할 것도 없고, 대학에 진학하는 학생들도 일단 파르쿠르숩 Parcoursup[42)]을 통해 전공 분야를 선택하고 나면 모든 일반

교육을 포기해버린다.

일반 문화 교육은 중등·고등 가릴 것 없이, 어떤 학습 과정에서도 소홀히 다뤄져서는 안 된다는 게 나의 입장이다. 어릴 때부터 나는 늘 그랑제콜 준비반에 들어간 선발 시험 수혜자들이 이과든 문과든 일찌감치 한 분야에 치우친 교육을 받는 다른 학생에 비해 훨씬 더 오래 일반 교육의 혜택을 누리는 게 불합리하다고 생각했다. 다양한 문화를 접하는 것은 다른 학생들에게도 훗날 생활 세계로 뛰어들 때 매우 유익할 텐데 말이다. 물론, 무엇보다 직업, 내일의 직업을 위한 교육이 우선이지만, 언젠가 우리는, 5년이나 10년, 혹은 20년 후에 새로운 직업을 갖거나 새로운 직업에 도전하게 될 수도 있으며, 부단히 변화하는 세상에서 어떤 활동이든 다른 것을 준비하는 데 일반 문화 소양만큼 좋은 것이 없다. 높은 곳에서 멀리 바라볼 수 있는 시각을 제공하고, 한 치 앞만 보지 않게 해주니 말이다.

문화(문학과 철학뿐만 아니라 예술, 영화 및 오늘날 스크린용으

---

42) 대학에 진학하는 학생들의 희망 분야를 수집하고 관리하기 위해 2018년에 프랑스 고등 교육 연구 혁신부가 개설한 웹사이트.(—옮긴이)

로 만들어지는 많은 것들)는 지금 하는 일을 거리를 두고 바라볼 수 있게 하고, 일하는 자신을 관찰할 수 있게 하고, 거리에 있음과 동시에 창문에 있을 수 있게 하고, 자신의 사는 모습을 보고, 삶의 흐름을 바꿀 수 있게 한다. 그래서 그것은 자신이 받은 원래 교육의 한계를 넘어, 길을 바꾸고, 다른 직업 쪽으로 나아가, 새로운 기회(지금부터 우리가 '호기好機'라고 부르는)를 잡는 데 꼭 필요하다.

일반 문화가 우리에게 주는 것, 그것은 다른 지능이다. 말하자면 영리한 개나 여우에게서 볼 수 있는 통찰력이나 침투력, 직감 같은 것이다. 직감은 타고나는 게 아니라, 무엇보다 여러 가지 다른 경험을 접할 수 있게 해주는 독서를 통해 길러진다. 문화는 우리에게 코를 준다. 난관을 헤쳐나가고 궁지를 벗어나는 데에 이보다 더 필수적인 것은 없다.

내가 오랫동안 가르쳤던 미국의 컬럼비아 대학교 학생들은 다른 많은 단과대학과 마찬가지로 외국어 과목(이런 과목이 없으면 프랑스어, 독일어, 이탈리아어는 여권 소지자가 국민의 10퍼센트도 안 되는 그 거대한 나라에서 살아남지 못할 것이다)과 여러 일반 문화 과목('그레이트 북스 코스', '문학 인문학',

'현대 문명' 등)을 의무적으로 수강해야 한다. 모든 학생의 필수 과목인 이 수업들은 나중에 법학, 경영학, 의학 또는 건축학 쪽으로 진로를 잡는 것과 상관없이 핵심 커리큘럼에 속한다. 그러므로 컬럼비아 대학교나 다른 학교를 졸업한 모든 바쁜 남녀들은 호메로스, 베르길리우스, 단테, 라블레, 세르반테스, 루소, 괴테, 도스토옙스키 등을 읽었을 것이다. 이 내용은 최근에 개정되어, 전보다 좀 덜 유럽적이고 덜 백인적이고 덜 남성적이 되고, 더 세계적이고 더 다양해졌지만, 일반 문화, 문학 인문학, 인문학 연구 studia humanitatis의 개념들은 이러한 강좌들에서 여전히 기본으로 자리 잡고 있다. 프랑스 고등 교육도 이것을 채택하여 모든 대학과 그랑제콜 같은 학교들에 적용하면 좋을 것이다.

부시 대통령은 언젠가 한 연설에서 그리스인Greeks을 그리션Grecians[43]으로 불렀다가 심하게 조롱을 당한 적이 있다. '말라프로피즘malapropism'[44]이라고 하는 이런 언어 실

---

43) '고대 그리스의'를 뜻하는 형용사.(ㅡ옮긴이)
44) 말하려던 단어와 음은 비슷하나 뜻은 다른 단어를 내뱉는 익살맞은 언어 오용.(ㅡ옮긴이)

수는 발베크의 그랜드 호텔 지배인처럼 부시 대통령에게도 고치기 힘든 고질적인 성향이었던 것 같다. 그러나 나는 이렇게 변호해주고 싶다. 당시 그의 뇌리에, 시인 존 키츠의 〈그리스 항아리에 대한 송가Ode on a Grecian Urn〉가 문득 떠올랐던 거라고, 그러니까 예일대학 재학 시절에 그가 '그레이트 북스 코스'의 공부를 게을리했던 게 아니라고. 하지만 어쩌면 내가 너무 관대한 건지도 모른다. 그는 대학 시절을 사교 클럽에서 술에 취해 보낸 것 같으니 말이다.

문학은 문학 학부라는 울타리 안에 가두어야 할 전공의 문제가 아니다. 이따금 문학이 수학이나 시만큼 자율적인 영역이 되고자 하는 경향이 있는 건 사실이다. 바쁜 사람들이 주장하듯, 수학자들이 범속한 인간들을 배제한 채 자기들끼리만 수학을 하고, 시인들 역시 아무도 읽지 않는 시를 자기들끼리만 읽는 것처럼 말이다. 그런 난해성이나 순수성은 전위적이고자 했던 일부 20세기 문학이 추구했던 목표였다.

나탈리 사로트는 1964년 미국의 여러 대학에서 강연하면서 누보로망에 대해 이렇게 선언했다. "제가 보기에 문학은 릴레이 경주 같습니다. 각자 앞서간 작가의 바통을 이어받죠. 되돌아갈 수 없고 제자리에 머무를 수도 없어요." 요컨대, 앞으로 나아가지 않으면 죽는다는 것이다. 우리는 과거의 작품들을 계속 읽을 수 있으나, 오늘날의 작품을 향해 나아가는 이정표로 읽어야 한다. 그리고 앞으로 나아간다는 건 언제나 순수성과 난해성을 증가시키는 것이다. 나탈리 사로트는 이렇게 말을 이었다. "우리가 누보로망이라고 부르는 운동은 매우 건전합니다. 그것은 필요했고, 이제는 돌이킬 수 없는 발전으로 자리를 잡았습니다."[45] 아마도 우리는 1960년대와 1970년대의 시각 예술이나 음악에서도 이와 유사한 선언을 찾아볼 수 있을 것이다. 자신의 작품을 혁신과 진보와 전위의 최첨단에 위치시킨 작곡가 피에르 불레즈를 생각해보라.

하지만 나탈리 사로트는 그 20년 후, 자서전 《어린 시절》(1983년)을 출간했다. 마찬가지로 알랭 로브-그리예도 《되돌아오는 거울》(1985년)과 다소 자전적인 다른 두 권

---

45) 나탈리 사로트, 《아메리카 편지》, 갈리마르 출판사, 2017년.

의 책에서, 물론 가면을 모두 벗지는 않은 채 자신의 삶을 이야기했다. 한편 필립 솔레르스는 이미 실험 문학의 정점인 《파라다이스》(1981년)에서, 친구와 적이 뒤바뀐 소설 《여자들》(1983년)로 넘어가 있었다.

문학에 입문한 사람들을 위한 문학이 문학 전체를 대표한 적은 없으며, 나는 돈을 받고—많이 받지도 못했지만—그런 지식을 가르쳤다. 언젠가 나는 "관례적인 문학"과 "독자들의 습관을 전복하는 문학", "사람들이 읽는 문학"과 "역사를 만드는 문학", "온순한 문학"과 "반항하는 문학"이 있다고 주장하면서, 다른 누구보다 특히 미셸 데옹과 장 도르메송을 전자 쪽으로 연결했다가 이 두 선배의 진노를 산 적이 있다. 장 도르메송은 그 후 수년 동안이나 자신의 책들 앞부분에 비꼬는 헌사들을 써서 보내 나를 괴롭혔다.

오늘날 과연 어떤 작가가 1964년에 나탈리 사로트가 표명했던 생각들을 옹호하며 지금도 문학을 릴레이 경주 같은 것으로 정의할까? 이제는 누구도 문학은 언제나 더 멀리 나아가야 하고, 돌이킬 수 없는 발전으로 자리를 잡았고, 지속적인 진보와 끊임없는 혁신이라는 표어가 기술이나 경제에 적용되는 것처럼 문학에도 적용된다고 주장하지 않을 것이다.

문학 전문가를 위한 희귀한 문학도 있겠지만, 문학은 문 안팎의 모두에게 열려 있고, 모두에게 유익하며, 모두에게 필요한 것이다. 어쨌든 보들레르가 〈부르주아들에게〉라는 글에서 말한 바가 그렇고, 프루스트가 바쁜 사람들에 맞서 주장했던 바가 그렇다. 인문학 문화는 인간의 모든 활동에서 유용한 자산이다. 자신의 언어를 알기 위해선 다른 언어에 부딪혀 보아야 하는 것과 같은 이치다. 여러 언어를 모르면 어떤 언어도 알지 못하고, 《인간 희극》을 읽지 않으면 금융도 모른다.

레호보스 비치

이는 그냥 가볍게 하는 말이 아니다. 나는 이 교훈을 아주 오래전에 배웠고, 그런 깨달음을 얻은 순간을 지금도 아주 정확하게 기억하고 있다. 지금으로부터 60년 전인 1964년 8월, 델라웨어주 대서양 연안의 평범한 해변 휴양지인 레호보스 비치에서였다(조 바이든 미국 대통령의 별장이 있는 곳이다). 부모님은 그곳에 빌라 하나를 세내어 휴가 때 머무르곤 했다. 나는 그 당시 사람들이 흔히 그러듯, 해변을 거슬러 올라가거나 산책로를 좀 걷다가 아이스크림을 사 먹고 오면 달리 할 게 없었기에, 침대에서 늦게까지 책을 읽곤 했다. 그날 저녁에는 옆 침대에서 동생이 자고 있어 침대 등의 희미한 불빛에만 의지한 채, 집안의 고요한 적막 속에서 《적과 흑》을 읽었다. 나는 열네 살이었고, 거의 에로틱한 흥분 상태에서 스탕달의 이 소설을 읽었다. 거기에서 나는 사랑과 권력의 본능적 충동을 발견했다. 이보다 더 중요한 것이 있을까?

당시 내가 《적과 흑》을 읽은 게 특권층이었기 때문일까? 나는 십 대 때 읽은 다른 모든 책처럼 이 소설을 '포켓북'으로 읽었다. 누나와 나는 아버지가 뉴욕에 가실 때면 프랑스 서점에 들러 포켓북을 좀 사다 달라고 부탁하곤 했다(당시 우리는 워싱턴에 살았는데, 그곳에는 프랑스 책이 귀했다). 베이비부머 세대가 대부분 그렇듯이, 나의 문학적 소양은 집안의 서재가 아니라 포켓북 덕이었다. 서재에는 장차 나의 길잡이가 될 몽테뉴·보들레르·프루스트의 책은 없었고, 발자크·스탕달·플로베르의 책도 없었다.

그날 밤, 나는 쥘리앵 소렐의 모험에 완전히 빠져 오랫동안 잠을 이루지 못했다. 그래서 새벽 두세 시쯤, 침대에서 일어나 물을 마시러 아래층 주방으로 내려갔다. 거기엔 나 혼자가 아니었다. 어머니가 부엌의 의자에 앉아 계셨다(어머니의 방은 주방에 붙어 있었고, 아버지는 워싱턴에 계시다가 주말이 되면 우리에게 오셨다). 나는 어머니와 몇 마디 주고받았다. 그저 별것 아닌 말, 별 의미 없는 몇 마디("안 자니?—네, 잠이 안 와서 책을 읽고 있어요")였지만, 바로 그 순간 나는 마침내 분명히 깨달았다. 몇 달 전부터 내가 떠올리길 거부해왔던 것, "엄마는 곧 돌아가실 거야"라는 혼잣말을 마침내 속으로 중얼거렸다. 바로 그날 밤, 나는 우리만 남겨 두고 떠나야 한다는 걱정 때문에 잠을 설치시던 어머니의 불안을 보았다. 어머니는 암에 걸렸으나, 우리에게는 아무 말도 하지 않았고, 그 석 달 후에 돌아가셨다. 나는 다시 내 방으로 올라왔지만, 스탕달의 소설에 다시 빠져들지는 못했던 것 같다.

그래서 그날 밤 나의 뇌리에는 문학과 삶의 분리(위층의 소설 속 사랑과 권력과 야망, 그리고 아래층의 어머니에게서 본 고통과 죽음)는 물론, 양자의 침투성 혹은 구멍들 역시 깊이 아로새겨졌다. 문학이 삶의 전부라는 말은 하지 말자. 하지만 《적과 흑》이 불러일으킨 그 흥분이 없었다면, 그 소설(그리고 그해에 읽은 《파리 대왕》, 《리처드 2세》, 《죄와 벌》 같은 몇 권의 책)에서 얻은 삶에 대한 이해가 없었다면, 아마 나는 어머니의 마지막 석 달을 늘 같은 의식, 늘 같은 예민함으로, 한날처럼 생생하게 살지 못했을 것이다. 그다음 날인가 아니면 며칠 후 워싱턴으로 돌아온 나는 노트를 한 권 샀고, 그 후 3개월 동안 일기를 썼다.

쥘리앵은 모든 것을 독서에 빚지고 있다. 레날 부인이 그를 가정교사로 고용하고 싶어 한다는 말을 전하러 아버지가 제재소로 그를 찾아왔을 때, 쥘리앵은 책에 푹 빠져 그가 오는 소리를 듣지 못한다. "쥘리앵은 책을 읽고 있었다. 아버지에게는 이보다 더 불쾌한 광경이 없었다. 그는 쥘리앵의 마른 체격, 형들과는 너무나 다른, 힘쓰는 노동에 부적합한 그의 깡마른 체격은 용서해주었지만, 그의 독서벽은 끔찍이도 싫어했다. 그 자신은 글을 읽을 줄도 몰랐다." 아버지는 제재소의 높은 들보 위에 걸터앉아 독서 삼매경에 빠진 아들에게 재빨리 다가갔다. "격렬한 타격이 쥘리앵이 들고 있던 책을 개울로 날려버렸다." 그가 가장 아끼는 책《세인트헬레나의 회상록》이었다. "이 게으른 자식! 제재소 톱날을 감시하랬더니 그 빌어먹을 책만 읽고 있냐? 읽으려면 저녁에나 읽어. 이따가 시간 낭비하러 본당 신부에게 갈 때나 말이다."

그날 밤, 나는 쥘리앵 편이었고, 독서가 단두대로 이끌지는 몰라도 "시간 낭비"는 아니라고 생각했다. 그 3년 후인 1967년, 나도 그와 같은 열정으로 《파르마의 수도원》을 읽었다. 나는 당시 '히포토프hypotaupe'라고 불리던 반46)에 있었는데, 이 소설이 선발시험 커리큘럼에 포함되어 있었다. 파브리스와 산세베리나 공작부인은 쥘리앵, 레날 부인, 마틸드 드 라 몰만큼이나 나를 매혹했고, 모스카는 우리가 상상할 수 있는 가장 세련된 정치인처럼 보였다. 또 그 후에 읽은 소설에서 알게 된 뢰웬의 아버지47), 그는 "아들은 천부天賦의 채권자"라는 처음으로 내뱉는 한 문장으로 이미 내게, 만약 내가 은행가의 삶을 살기로 선택했다면 나도 한 번 시도해보았을 그런 이상적인 명민한 은행가 상을 보여주었다.

모스카와 뢰웬의 아버지는 마치 소설을 쓰듯 자신들의 직업을 산다. 그렇다, 삶과 문학에 대한 프루스트의 제안에 수정을 가하고 싶은 게 바로 이점이다. 즉 문학을 실제 삶처럼 살자는 게 아니라, 자신의 삶이 문학 작품인 양, 모스카와 뢰웬의 아버지처럼, 쥘리앵과 파브리스처럼, 한 편

---

46) 그랑제콜 입시 준비반 1년차 학급.(—옮긴이)
47) 스탕달의 소설 《뤼시앙 뢰웬》에 등장하는 부유한 은행가.(—옮긴이)

의 소설을 쓰듯이 살자는 것. 재수 없게 혹은 운 좋게 그 삶이 단두대에서 끝나든 말든 말이다.

  지금껏 내가 스탕달에 관한 글을 단 한 편도 쓰지 않은 이유도 바로 여기에 있다. 그는 내게 비밀의 정원 같고, 장미 꽃봉오리 같은 내밀한 작가다.

마법의 평행 육면체

하지만 이제는 문학이 소렐의 아버지 같은 그런 모든 바쁜 사람들로부터 보호받아야 할 때가 되었다. 독서 옹호는 이제 하나의 필요성이다. 청소년들은 책을 거의 읽지 않으며, 학업 단계가 끝나 규정된 책을 읽는 시기가 지난 청장년들은 더욱더 그렇다. 7세에서 19세 사이 젊은이들의 여가활동을 보면 책을 읽는 것보다 10배 더 많은 시간을 스크린 앞에서 보내며, 16세에서 19세 사이는 그 시간이 25배나 많다[48]. 즉, 십 대에서 벗어나면 책을 더이상 읽지 않는다는 얘기다. 그리고 남학생이 여학생보다 책을 훨씬 적게 읽는다(16세에서 19세 사이 남학생의 일일 독서 시간은 7분이고 여학생은 17분이며, 스크린 앞에서 보내는 시간은 남녀 모두 5시간 이상이다). 독서가 좀 더 여성적인(2024년의 표현으로는 "젠더화된") 활동인 모양이다. 쥘리앵의 '깡마른 체격'은 그의 '독서벽'과 밀접한 관련이 있다. 책을 읽는 소년은 '젠더 장애'까지는 아니더라도, 젠더가 '잘못된' 소년이다. 여성들에게서 좀 더 저항력을 유지하는 책 문화는 특히 남성들에게서 지배적인 스크린 문화에 자리를 빼앗기고 있다.

현대 사회에서의 문학의 자리라는 문제는—분리할 수 없을 만큼 긴밀하게 연관된—디지털 시대의 독서라는 문제이기도 한 만큼 더욱더 시급하게 다뤄져야 할 것 같다. 독서의 현 상태에 대해서는 많은 경고의 외침이 있었다. 독서가 이제 더는 지속적이지도, 오래 가지도, 강렬하지도 않으며, 간헐적이고, 꿀을 따듯이 하고, 빙빙 겉돌고, 징발하듯 한다고…. 신기술로 획득한 속도에 비해 너무나 느린 문학 독서, 근접 독서의 그 느림이 이제는 참을 수 없

---

48) 〈프랑스 청소년과 2024년의 독서〉, CNL(프랑스 국립 도서 센터)가 여론조사 기관인 Ipsos에 의뢰한 연구, 2024년 4월.
https://centrenationaldulivre.fr/donnees-cles/les-jeunes-francais-et-la-lecture-en-2024

는 것이 된 것 같다. 프롬프트를 입력만 하면, 생성 인공지능이 여러분에게 단숨에 장광설을 읊조려주는데 말이다.

이미 나는 시간, 특히 권태로운 시간을 죽이는 방법으로, 지난날의 그 길고 긴 방학 동안 읽곤 했던 두툼한 러시아 소설들에 대해 언급한 바 있다. 한데 그 권태가 오늘날에는 금지되거나 심지어는 폐기 처분된 상태다. 이제 우리의 거의 모든 공적·사적 생활이 경유하는 스크린은 콘텐츠 간의 구분을 없애버린다. 정보·오락·문화 사이의 구분도, 커뮤니케이션·오락·예술 간의 구분도 없앤다. 음악과 텍스트도 이제는 이미지가 없으면 안 된다.

그래서 우리는 책은 덜 읽지만(나도 그렇다), 스크린을 통해 많이 읽기도 한다. 어떤 이들은 전 세계적인 통계를 근거로, 우리가 그 어느 때보다 더 많이 읽고, 이렇게 많이 읽은 적이 없었다고 주장하기도 한다. 하지만 나는 지하철을 타면 책 읽는 사람을 찾아보는데, 책이 너무나 예쁘고, 너무나 손에 쥐기 쉽고, 네모난 판형에 성경 용지로 제작되어 너무나 우아한, 그래서 오랫동안 시류에 저항해온 도쿄에서조차, 이제는 스마트폰을 조작하는 그 모든 사람(부끄럽게도 나 역시 여기에 포함된다)틈에서 책을 보는 이는 극소수다. 나는 내가 점점 더 스크린을 통해 많이 읽으며, 더는 책을 예전처럼 읽지 않고 다른 뭔가를 하면서, 수시로 중단하면서 읽는다는 사실을 잘 알고 있다. 독서의 방식이 변하고 있다는 건 부인할 수 없는 사실이다. 독서 전문가들인 우리의 독서, 아날로그에서 디지털로 넘어가는 전환세대의 독서, 두 세계의 장점을 모두 누린 우리의 독서가 이 정도로 변했다면, 스크린으로, 태블릿으로, 스마트폰으로 읽기를 배운 디지털 원주민들의 독서야 더 말해 무엇하겠는가?

나는 전자책에 반대할 생각이 전혀 없으며, 지금도 꽤 꾸준히 전자책을 읽고 있으니, 그것에 대한 어떤 반대도 삼갈 것이다. 비록 나는 앞에서 말했듯이, 문학적 소양 전부가 포켓북에 빚진, 그게 없었다면 야만인이 되어 있을 사람이지만 말이다. 나는 1960년대에 포켓북이 보급되었을 때 그 확산을 반대하던 최첨단 지식인들의 넋두리를 너무도 잘 기억하고 있다. 포켓북의 보급이 필연적으로 같은 시기에 널리 보급된 신문이나 크리넥스 티슈, 크리켓 라이터 같은 일회용 포켓 문화를 양산할 거라고 말이다. 그러나 베이비부머 세대들은, 마치 프루스트가 생전

처음 읽은 작품들이 수록된 책들을 아꼈듯이, 자신들의 포켓북을 정성을 다해 간직했다.

한데 사실 전자책의 침투는 금세기 초에 전자책에 모든 것을 걸었던 투자자들에게 불쾌한 놀라움을 안겨주었다. 초창기인 2008년부터 2014년까지 미국에서 전자책은 매년 두 자릿수의, 시쳇말로 '가속된' 혹은 '기하급수적인', 강력한 성장세를 보였다. 2008년에 2억7천만 달러였던 전자책의 매출은 2014년에 57억 달러에 이르러 7년 만에 20배 이상 증가했다.[49] 이러한 추세에 힘입어, 2013년에 컨설팅 기업인 프라이스워터하우스쿠퍼스(PwC)는 2017년에는 디지털 도서 매출이 인쇄 도서 매출을 넘어설 것이라고 예고했다.[50]

하지만 이 예측은 틀렸음이 드러났다. 좀 지나치게 낙관적이었던 정도가 아니라, 근본적으로 잘못된 예측으로 판

---

49) 〈2008~2018년 동안의 미국 내 전자책 판매 수익〉, ⓒ Statista, 2014년 10월. https://www-statista-com.ezproxy.cul.columbia.edu/statistics/190800/ebook-sales-revenue-forecast-for-the-us-market/
50) 〈2017년 미국 전자책 판매량, 인쇄 도서 추월할 전망〉, ⓒ Statista, 2013년 6월. https://www.statista.com/chart/1159/ebook-sales-to-surpass-printedbook-sales-in-2017/

명되었다. 2014년부터 2019년 사이의 디지털 도서 매출은 레벨 오프level off되었다. 이는 분석가들이 더이상의 성장이 없었다는 뜻으로 사용하는 완곡한 표현이나, 사실은 전자책 판매가 상한에 이르렀다는, 즉 고점에 도달한 후 안정화되었다는 의미이다.[51] 2020년에 코로나19의 영향으로, 경제 정세에 따른 상승(거의 10퍼센트) 이후 2021년에도 그 수준을 유지하다가, 2022년에 다시 2019년도의 수치로 떨어졌다. 미국 출판협회(AAP)의 데이터에 따르면, 2023년 디지털 도서는 달러 기준 시장의 11.3퍼센트(+0.6퍼센트의 미미한 상승)를 차지하고, 양장본은 36.8퍼센트(+0.4퍼센트), 페이퍼백은 35퍼센트(-2퍼센트)를 차지한다.[52]

프랑스에서도 수치가 거의 같은 흐름이다. 프랑스 출판협회(SNE)에 따르면 2022년에 디지털 도서는 출판사업 매출의 10.32퍼센트를 차지했지만, 분야에 따라 그 수치

---

51) 〈2010년~2020년까지 미국에서 팔린 전자책 추정 수치〉, © Statista, 2021년 1월. https://www-statista-com.ezproxy.cul.columbia.edu/statistics/426799/e-book-unit-sales-usa/
52) 〈2023년도 전체 출판 산업 0.4퍼센트 증가〉, 미국 출판협회, 2024년 3월 26일. https://publishers.org/news/aap-december-2023-statshot-report-overall-publishing-industry-up-0-4-for-calendar-year-2023-and-down-2-5for-month-of-december/

가 아주 다양하다. 전문 서적 및 학술서적이 46.22퍼센트 (2020년 대비 5.9퍼센트 증가), 교과서가 13퍼센트(2020년 대비 1.54퍼센트 증가)이지만, 문학은 5.51퍼센트에 그치는데, 이는 3년간 유지된 수치로, 미국(그때까지 비교적 더 느린 성장세를 보였던)과 달리 프랑스에서는 팬데믹 이후에도 감소하지 않았다.[53]

이들 자료가 말해주는 바는 분명하다. 즉 전문 및 학술 서적 분야에서는 디지털 도서가 앞으로도 계속 종이책을 앞서 나가겠지만(이미 의학이나 법률 등 일부 분야에서는 훨씬 우위를 점하고 있다), 일반 문학 분야에서는 더 성장하지 않는다는 것이다. 몇 년 후 다시 성장세를 회복할 때까지 일시적 안정기에 도달했다는 뜻일까? 그럴 수도 있다. 사실 프랑스에서 문학 분야 디지털 도서가 전체 매출의 5퍼센트대를 넘지 않을 것이라는 건 아무래도 믿기 어려운 일이기 때문이다. 그렇지 않다면 디지털 원주민들이 실망하게 되지 않겠는가!

---

53) 《전국 출판연합회의 출판 현황, 2022~2023년》, Synthèse, 2023년 7월.
https://www.sne.fr/actu/les-chiffres-de-ledition-2022-2023-sont-disponibles/

디지털 도서 보급에 나타난 이러한 중단 혹은 적어도 일시 정지에 대해서는 다소 속설 같은 이런저런 설명들이 있다. 같은 책을 두고 전자책과 포켓북(예컨대 대량 부수로 발행하는 미셸 우엘벡의 책들) 중에서 선택하게 되는 경우, 포켓북의 가격이 거의 항상 더 저렴하다. 게다가 포켓북은 일단 구매하면 본인이 소유하고, 빌려주고, 선물하고, 재판매하고, 물려줄 수 있으나, 전자책은 실제로는 빌려 읽는 것이고, 이후에는 처분할 수도 없다. 결국은 그대로 전자책 리더기의 맨 밑에 묻혀있게 되고, 그 사실조차 잊히고 만다. 더군다나 너무 잘 잊어버려, 다 읽지도 못하는 일이 다반사다.

서점에서 구매한 종이책이라고 해서 우리가 모두 다 읽는다는 건 아니다. 더러는 침대 옆 탁자 위의 잔뜩 쌓인 파일 더미 아래 깔려 있거나, 침대 밑에서 먼지를 뒤집어쓴 채 있곤 한다. 미국 출판협회와 프랑스 출판협회의 수치는 책 판매량에 대한 기록이지 독서량에 대한 기록이 아니다. 국립 도서 센터의 수치는 독서에 관한 것이지만 입소스Ipsos의 선언적 설문 조사에 기반하고 있어 신뢰할 수 없고 심지어는 허황하기까지 하다. 프랑스인이 하루에 책(종이책이든 전자책이든)을 평균 41분이나 읽는다는 말을 믿을 사람이 어디 있을까?[54]

 그야 어쨌든 나는—내가 기준이 될 수 있을까?—비교적 전자책은 읽다가 더 자주 포기하는 편이며, 종이책은 처음부터 끝까지 훑어보거나 서가에 정돈하기 전에 적어도 마지막 페이지를 들춰보기는 한다. 종이책은 기억이 전자책과는 다르게 발휘된다. 나는 책에 있는 어떤 단락, 책의 2/3에서 4/5 사이의 왼쪽 아랫부분에 있는 그 단락의 위치를 기억하고서 그것을 찾아내기도 하는데, 이는 내가 그런 재능을 타고나서가 아니라 내 세대 사람들이 아주 어릴 때부터 훈련해온 책 속에서의 방향 감각, 공간적 기억력 덕분일 것이다(GPS가 등장하기 전에, 대뇌 해마가 평균보다 더 발달했던 런던의 택시 기사들과 비슷하다). 전자책의 흐름 속에 있는 문장은 단어 검색을 통해 찾아내는데, 그러려면 단어를 떠올릴 수 있어야 한다.

 내가《잃어버린 시간을 찾아서》에서 '요령'이라는 개념

---

[54] '2023년도 프랑스인들과 독서', Ipsos가 제시한 CNL 연간 지표, 2023년 4월. https://centrenationaldulivre.fr/donnees-cles/les-francais-et-la-lecture-en-2023.

을 가장 상징적으로 보여주는 해당 페이지를 인용하고자 했을 때 경험한 게 바로 그런 공간적 기억력이다. 화자가, 가까이 다가오라는 게르망트 공작의 초대에 응답하는 대신, 멀리서, 침착하게, 영국 여왕의 팔에 붙들려 있는 공작에게 인사하는 그 장면 말이다. 한데 정확히 말하면, 이 대목에 나오는 말은 사실 '요령tact'이 아니라, '요령'과 '차별성'의 완벽한 매개체라고 할 수 있는 '삼감discrétion'이다. 그래서 나는 좀 더 전통적인 기억 경로를 통해 이 장면을 찾아야 했는데, 이 장면이 《잃어버린 시간을 찾아서》에 나오는 어느 큰 사교 리셉션 때 일어난 일이고, 《소돔과 고모라 II》의 게르망트 공작부인 집에서 열린 오후 모임에서 공작이 가장 비중 있게 등장했다는 사실을 떠올린 것이다. 물론 나는 소설의 이 부분을 교정한 바도 있고 거의 외울 정도로 잘 알고 있었기에 더욱 영민하게 바로 알아맞힌 것이지만, 어쨌든 외적이고 철저한 새로운 인공 기억이 책에 대한 우리의 해묵은 공간 기억, 그 내적이고 직관적인 기억을 불필요한 것으로 만들지는 않는 것 같다.

전자책의 성장을 억제하면서, 우리를 모든 진정한 현대

인처럼 반反현대적인 하이브리드 독자, 즉 날짜·시간·장소·상황에 따라 종이책 또는 전자책으로 읽는 독자로 만드는 종이책에 대한 충성도의 좀 더 본질적인 다른 여러 이유 중 가장 분명한 것은 책이, 구텐베르크와 최초의 인쇄본 등장 이후, 뛰어넘기 어려운 거의 완벽한 물체, 마법의 평행 육면체가 되었다는 것이다. 갈리마르 출판사의 '플레야드' 판본[55]을 보라. 책의 가격을 책에 포함된 글자 수로 나누면 이보다 더 경제적이고, 더 수익성이 높고, 더 저렴한 것이 없다! 책이 무겁고, 글자가 작고, 여백이 좁고, 종이가 얇아 주석을 달기 어렵다며 플레야드 판본으로 읽는 걸 좋아하지 않는 이들도 있다. 그들은 문고판(포켓북)을 선호한다. 하지만 우리는 선택할 수 있다. 내 경우, 집에서는 밝은 조명 아래에서 플레야드 판본을 읽고, 여행할 때는 문고판(나의 전자책 리더기도 함께)을 가지고 다닌다.

이미지와 소리에 있어서 디지털은 두 가지 결정적 이점을 제공한다. 유목성과 비선형성인데, 스포티파이와 넷플

---

55) 프랑스의 갈리마르 출판사가 출간하는 주요 총서 중 하나로, 한 작가가 평생 저술한 작품들을 한데 모아 출간한다. 각 권에는 고증 관련 자료들까지 실려 있어 명예로운 참조본의 지위를 지닌다.(—옮긴이)

릭스가 성공한 것도 바로 이 두 가지 덕분이다. 하지만 책은 언제나 '유목'적이고 '비선형'적이었다. 유목이라고 하면 나는 비틀스를 들으며 도시로, 시골로, 산으로 산책할 수 있게 해준 최초의 필립스 카세트 플레이어가 떠오른다. '비선형'으로는 최초의 소니 비디오카세트가 기억난다. 누군지는 기억나지 않지만, 아주 영리한 누군가는 비디오 리코더의 '일시 정지' 버튼이 20세기의 주요 발명 중 하나였다고 주장했다. 이미지의 움직임을 멈추고, 냉장고에서 맥주를 꺼내와, 영화를 다시 보거나, 심지어는 마틴 스코세이지 감독의 영화 〈굿펠라스Goodfellas〉에서 헨리와 카렌이 부엌을 통해 코파카바나로 들어가는 그 터무니없이 긴 롱테이크를 백 번도 더 볼 수 있다.

유목 즉, 노마드Nomad는 내 몸의 보철물이나 연장延長처럼 내가 가는 곳 어디든 가지고 다닐 수 있는 오브제다. 비선형적이거나 비선형화된(주문형) 것은 라디오나 텔레비전 방송사가 정한 방송 계획표나 영화관 개관 시간에 얽매이지 않고 언제 어디서나 접근할 수 있는 콘텐츠다. '유목'적이고 '비선형'적인 것은 내 리듬에 맞게 이용하는 인공물로, 그 속에서 나는 내가 원하는 대로 오갈 수 있고,

속도를 조절할 수 있고, 앞으로 뛰거나 뒤로 돌아갈 수도 있다. 책은 늘 내게 그런 일을 가능하게 해주었다. 책은 늘 '유목'적이고 '비선형'적이었다. 그러므로 전자책의 이점이라는 건 사실 그리 대수로운 게 아니다.

1570년에 몽테뉴가 행정관직에서 사임하고 자기 자신을 알고자 자신의 성탑으로 은퇴했을 때, 인쇄기가 발명되기 전 자신들의 서재에서 수사본手寫本들에 둘러싸여 산 이탈리아 군주들처럼 그도 필요한 모든 책, 모든 그리스 및 라틴 문학 작품을 갖추고 있었다. 인쇄술이 발명된 지 채 한 세기도 지나지 않았으나, 보르도 지방의 이 소 귀족은 호메로스·플라톤·플루타르크·베르길리우스·루크레티우스·오비디우스·키케로 같은 필수 고전을 구할 수 있었고, 1592년 임종을 맞이할 때까지 이 책들을 긴밀한 반려자로 삼았다. 《수상록》은 그가 한 독서의 증언이다. 몽테뉴는 책을 통해, 독서를 통해, 책과 독서에 관한 성찰을 통해 형성된 근대인의 전형이다. 사람들은 디지털(IT, 즉 정보 기술)이 1980년대부터 놀라운 속도로 확산했다고 말하며, 실리콘 칩의 트랜지스터 수가 2년마다 두 배로 늘어난다는 무어의 법칙에 열광하지만, 인쇄술도 유럽은 물론

1540년 이전에 최초의 작업장이 세워진 멕시코에서조차, 확산 속도 면에서 디지털을 그리 부러워할 게 없었다.

우리가 매일 생산하는 200~300만 테라바이트에 비하면 그리스와 라틴 고전은 전부 다 해도 무게가 그리 나가지 않는다. 몽테뉴의 서재는 CD-ROM 한 장에, 나중에는 USB 하나에 저장될 수 있었을 것이다. 전자책의 확실하고 유일한 장점은 가벼움이지만, 나는 종이책들에 파묻혀 있다. 여행할 때는 나도 튀니스나 도쿄, 탈린 시내 어느 호텔에서의 잠 못 이루는 밤을 위한 읽을거리를 태블릿에 좀 담아간다. 하지만 몽테뉴가 생전에 소장했던 책들은 지금까지도 일부가 남아 있다. 그의 애독서 중 하나였던 《유명 인사들의 생애》가 수년 전 경매에 부쳐졌다. 여백에 그의 꼬부랑 글씨들이 적혀 있는 책이다. 그 책들은 새 책처럼 멀쩡하고 잘 읽을 수 있고 뒤적거릴 수 있지만, 전자책은 금방 소멸할 수 있어 끊임없이 새 저장 장치로 옮겨야 한다. 이에 따르는 추가 비용과 탄소 발자국에 미치는 악영향은 덤이다. 내가 지금 이 글을 쓰고 있는 컴퓨터의 기가바이트보다 수명이 훨씬 더 긴 마이크로필름 스토리지는 지금도 여전히 쓰이고 있다.

귀가 읽는다

 그러므로 방에 코끼리만 없다면 덴마크 왕국의 모든 것이 나빠지지는 않을 것이다.[56] 사실 내가 보기에는 전자책보다 훨씬 더 무섭게 문학적 소양을, 독서 자체를 위협하는 것이 하나 있는 것 같다. 미국에서는 양장본과 문고본을 합한 인쇄 도서가 전체 도서 판매량의 약 70퍼센트를 차지하며, 전자책은 11퍼센트에서 12퍼센트를 차지한다. 나머지 20퍼센트 정도는 어떻게 나뉘는가? 여러 개의 땅콩, 즉 아동용 양장본 도서가 있고, 가판대나 슈퍼마켓

---

56) '방 안의 코끼리'는 안데르센의 동화 〈황제의 새 옷(벌거숭이 임금님)〉에서처럼, 왕국의 모든 이가 알면서도 감히 진실을 얘기하지 못하거나 언급을 꺼리는 문제를 가리키는 은유적 표현이다.(— 옮긴이)

에서 정기 간행물 형태로 배포되는 대량 판매용mass market 도서가 있고, 어느 분류에나 있는 '기타'라는 카테고리에 속하는 도서가 있다. 한데 이 20퍼센트에서 큰 비중을 차지하는 게 바로 오디오북이다. 주로 온라인으로 판매되는 오디오북은 미국 출판협회의 통계에 따르면 2023년 미국 출판 매출의 9.8퍼센트를 차지하는데, 이는 디지털 도서보다 겨우 1퍼센트 정도 낮은 수치다. 전자책은 팬데믹과 맞물린 상승기를 제외하면 10년 전부터 정체 상태지만, 오디오북은 연간 두 자릿수의 성장률(+14.9퍼센트)을 기록하고 있다.

고백하건대, 이 새로운 발견에 나는 경악을 금치 못했다. 오디오북의 성장 곡선이 계속된다면 2025년, 아니 올해 안에도 전자책을 추월할 것이다. 오디오북이 책의 미래라는 사실은 의심의 여지가 없어 보인다. 곧잘 허풍을 떠는 프라이스워터하우스쿠퍼스 같은 곳은 이미 오디오북이 곧 인쇄 도서를 추월할 것으로 예측하는 것 같다. 프랑스에서는 아직 결과를 알 수 없다. 프랑스 출판협회는 현재 매년 발표하는 데이터에 그것을 포함하지 않고 있지만, 2023년에 출판사를 대상으로 설문조사를 시작했으며,

2024년 보고서에 "이 시장에 대한 스냅샷"을 우리에게 제공하겠다고 약속했다.

지금까지 나는 오디오북이 좁은 틈새시장이라는 착각 속에서 살았다. 40여 년 전의 일이지만, 내게는 '눈 먼 aveugle' 어머니를 둔 그레이스라는 여자 친구가 있었다. 요즘은 이 형용사를 쓰지 않지만, 그레이스가 이 형용사를 썼다. 정확하게는 영어로 'blind'라고 했는데, 런던에서 있었던 일이기 때문이다. 그 친구는 녹내장으로 시력을 잃어가는 어머니를 위해, 어머니를 즐겁게 해주기 위해, 틈이 날 때마다 당시에는 아주 희귀했던 녹음된 책들을 찾아다니곤 했다. 아직 나이가 그리 많지 않았는데도 친구 어머니는 아파트의 한 방에 은둔하여 지냈고, 나는 친구를 방문할 때마다 그 방으로 가서 인사를 드렸다. 그분은 낮에는 물론, 내 생각에는 밤에도, 〈BBC 라디오 3〉을 듣지 않을 때는 늘 오디오북을 들으며 시간을 보냈던 것 같다. 내 친구는 나중에 자기도 같은 병에 걸릴까 봐 두려워했는데, 실제로 그렇게 되었다. 2020년에 그녀는 런던의 한 병원에서 눈 치료를 받다가 코로나바이러스에 감염되었고 끝내 회복하지 못했다. 그래서 오디오북은 내 머릿

속에, 그레이스의 어머니는 물론 늘 카세트테이프에 녹음된 소설들을 구하러 다니다가 본인도 시각장애인이 되어 팬데믹에 희생된 그레이스와 떼려야 뗄 수 없는 기억으로 남아 있다.

내가 오디오북에 관해 아는 건 이게 전부, 혹은 거의 전부다. 2020년 3월의 격리 생활 첫날, 외부와 단절되어 혼자 있게 된 나는 뭔가 생활 규범을 다잡고 완전한 고독감을 견뎌내기 위해 두 가지 결심을 했다. 첫 번째는 무상 행위의 표본 같은 것, 즉 면도를 매일 아침 하는 것이다. 나는 수년 전부터, 유행에 따라, 면도하는 습관을 잊어버리고 있었다. 두 번째는 매일 아침 잠자리에서 일어나면 바닥 매트 위에서 30분간 체조를 하는 것이다. 이 두 가지 결심은 끝까지 지켰지만, 두 번째 결심을 좀 더 잘 실천하기 위해서 운동하는 동안 문학 작품을 듣기 시작했다. 당시만 해도 나는, 개념이 생소해서, 그것을 '오디오북'이라고 부르지 않았던 것 같다. 문제의 그 책도 사실은 내 컴퓨터 메모리에 저장된 유일한 책 《잃어버린 시간을 찾아서》였다. 운동하는 동안 앙드레 뒤솔리에가 나의 동반자가 되었고, 그가 읽어주는 《스완네 집 쪽으로》는 내게 많은 활력을 주었다. 워낙 친숙한 책인데다 그의 해석이 또 너무나 마음에 들어, 종종 나는 예정한 30분을 훌쩍 넘겨 운동을 마치곤 했다. 나중에 들은, 기욤 갈리엔이 해석한 《소돔과 고모라》는 이보다 못했는데, 어쩌면 그것은 내가 이 책의 교정을 맡은 바도 있어서, 마치 니심 베르나르가 발베크의 그랜드 호텔 "구석구석"을 돌아다니듯 그 "미로 같은 복도들이며 비밀 캐비닛, 응접실, 밀실, 식품 저장실, 갤러리" 등을 내가 너무나 잘 알아서, 때로는 나 자신이 그 텍스트를 쓴 것 같은 느낌이 들어서였는지도 모른다.

진짜 생각의 변화가 찾아온 것은 프랑스어 담당 성우들이 프루스트를 읽고 내가 그들의 연기를 듣기 시작했을 때였다. 아주 좋았던 이들도 있었고, 좀 못한 이들도 있었다. 이름을 밝히지는 않겠지만, 《잃어버린 시간을 찾아서》의 화자가 오데트의 발음 문제를 수정해주면서 한 말을 빌리면, "'일반적으로', 즉 많은 예외가 있지만", 나이 든 성우들이 젊은 성우들보다 좋았다(이런 선호를 말한다고 해서 내가 젊은이를 싫어하는 사람으로 여겨지지는 않을 것 같다). 어떤 이들은 사전 준비 없이 프루스트의 문장 속으로 뛰어들어 금방 숨 가빠하다가, 마침표에 도달하기 전에 두 번째 호

흡을 찾지 못해 숨을 헐떡이면서 문장을 마치곤 했다.

이는 책 낭독이 결코 쉬운 게 아니라는 사실을 상기시키기 위함이다. 그것은 화술이요, 발음이요, 행위요, 해석이다. 그것은 나의 독서가 아니라, 저만의 개인적 특이성, 관점, 충분함과 불충분함을 가진 매개자의 독서다. 이상이 내가 코로나 격리 기간 동안 프루스트와 함께 운동하면서 얻은 교훈이다. 이 우연찮은 계기로 나는 오디오북의 현재 유행을 비로소 좀 알게 되었고 그것이 독서에 미치는 영향에 대해서도 궁금해졌다. 오디오북을 듣는 것, 그것도 독서이고, 앞으로도 계속 독서일까?

오디오북은 다중작업, 소위 멀티태스킹multitasking의 노다지다. 우리는 운전, 집안일, 다림질, 설거지, 쇼핑 등을 하면서, 청소기를 돌리거나 조깅 등 다른 일을 하면서 오디오북을 듣는다. 오디오북을 들으면 숙모들이 책을 읽거나 수다를 떨면서 뜨개질을 하던 1950년대의 가족 모임이 떠오른다. 대화가 너무 격해지거나 독서에 너무 빠져들면 한 땀을 건너뛰거나 코 줄이는 걸 깜박하여 옷본에서 벗어나고, 그러면 짠 걸 모두 다 풀어야 했다. 두 가지 일을 한꺼번에 할 수 없기 때문이다. 신경과학자들의 말에 따르면, 우리는 두 가지 일을 한꺼번에 할 수 있다고 생각하지만 사실 우리의 뇌는 갈팡질팡, 끊임없이 두 활동 사이를 오락가락해서 두 가지를 다 제대로 하지 못한다고 한다. 《되찾은 시간》을 들으며 셔츠를 다림질할 때, 완벽한 정사각형을 만들려면 그래도 어느 정도의 집중력이 필요한 접기 단계에서, 내가 "영원한 숭배"의 그 복잡한 구문을 놓치게 되리란 걸 나는 안다. 별일 아니지만, 언젠가는 셔츠를 입다가, 내가 소매를 안 다렸다는 것을 알게 되었다. 그러니까 그날은 프루스트가 이긴 날이었다.

눈은 들어도 귀는 절대 읽을 수 없을 거라고, 읽기라는 것을 할 수 없을 거라고 주장한 이가 있던가? 점점 더 널리 보급되고 널리 애호되는 오디오 독서는 이제 종이책의 시대는 끝났으며 소리 없는 고독한 독서는 인류사의 한때에 그치게 될 거라는 걸 디지털 독서보다 더 확실하게 예고한다고 할 수 있을 것이다.

아우구스티누스는 조용히 책을 읽고 있는 암브로시우스를 불시에 마주치고서 그 모습에 큰 충격을 받았다(그가 《고백록》에서 털어놓은 이야기다). 한데 암브로시우스와 아우구스티누스 이후 주류가 된 이 개별 독서와는 별개로, 소위 '공유 독서'라는 것이, 마치 이벤트를 통하지 않고는 책과 독서가 더는 번성할 수 없거나 살아남을 수 없을 거라는 듯, 전시장·축제·도서전·서점 등지에서 다양한 형태로 확산하고 있다. 최근 어느 날 저녁, 국내의 수많은 문학 축제 중 어느 한 곳에서 개막 강연을 맡게 되었는데, 그때 나는 위에서 말한 내용을 거의 그대로 전하면서 청중에게 나의 우려를 털어놓았었다. 오디오북과 공유 독서가 개인 독서를 대체할 정도로 점점 더 많이 잠식해오는 데 대한 우려 말이다. 한데 사실 나는 다음 날의 프로그램을 미리 살펴보지 않은 채, 텍스트 강독이 그 주된 내용임을 미처 깨닫지 못한 채 그런 말을 떠들어댄 거였다. 그 텍스트들의 저자도, 그 텍스트들을 읽을 사람도 내 말을 잠자코 듣기만 했으나, 여러 가지 많은 생각을 했을 것 같다. 나는 다음날에야 내가 '요령' 없이 굴었다는 걸 알아차렸다.

과거에는 책에 입문하는 결정적인 단계가, 아이들이 매일 밤 엄마(때로는 아빠)에게 같은 이야기를 소리 내어 읽어달라고 부탁하는 걸 그만두고 모르는 책을 혼자 읽기 시작했을 때(그리고 매일 밤 부모에게 코끼리 바바르 이야기를 들려달라고 부탁할 때와 같은 간절함으로 그 책을 다시 읽기 시작할 때)와 일치했다. 오디오북과 공유 독서가 발전하면서, 우리는 혼자 하는 독서가 승리했던 수 세기를 보낸 후, 다시 초가집에서 밤샘하던 시절로 돌아가고 있다.

이제 본론으로 들어가 보자. 오디오북이 인기를 끄는 것은 궁극적으로는 그것이 구텐베르크 이후 처음으로 독서의 생산성 격차를 해소하고 있기 때문이다. 현대 사회에서 독서의 취약성은 그것이 수 세기 또는 수천 년 동안 아무런 진전을 이루지 못했다는 점, 고대 때보다 더 빠르고 더 수익성 있게 실행되지 않는다는 점, 그리고 지금까지 생산성 향상을 무시해왔다는 점에 있다.《보바리 부인》을 쓰는 데만 1857년만큼 많은 시간이 드는 게 아니라, 그것을 읽는 데도, 혹은《수상록》을 읽는 데도 1580년이나 1595년만큼 많은 시간이 들며, 이는 점점 더 용납할 수 없는 일이 되고 있다.

어렸을 때 치과에 가면, 나는 대기실에서 〈리더스 다이제스트〉를 뒤적거리곤 했다. 거기엔 미국식 속독법에 대한 매력적인 광고가 실려 있었다. 그 광고가 나를 매료시켰다. 좀 더 빨리 읽으면 이 세상의 주인이 되고, 삶을 위한 투쟁에서 승리할 수 있을 것 같은 생각이 들었다. 하지만 나는 우편으로 그런 교본을 주문할 돈이 없었고, 훗날 수표 계좌가 생겼을 때는 그것이 소위 '뱀 기름'이라거나 '만병통치약'으로 불리는 속임수임을 알게 되었다.

오늘날에는 신경과학이 그런 방법에 다시 활력을 불어넣고 있다. 우리의 인지 능력을 최적화하면, 단어들을 해독하는 대신 눈으로 페이지를 훑고, 그것을 머릿속에 스캔하고, 소위 책의 '마인드맵'을 기억해버릴 수 있는 모양이다. 어느 두뇌 챔피언은 매일 아침 운동을 마친 후, "25분을 투자하여 자기계발이나 재정에 관한 에세이 한 편을 통째 삼켜"버린다고 한다.[57] 그것이 회색 문헌이라면, 글머리 기호들bullet points로 정리된 파워포인트 프레젠테이션 방식의 출판물이라면, 그 '마인드맵'이 풀기 그리 복잡하지 않은 거라면 나도 그러고 싶다. 하지만 나는 결코 미국 출판협회, 프라이스워터하우스쿠퍼스, 프랑스 출판협회 또는 국립 도서 센터의 삭막한 보고서 따위에 25분씩

---

57) 셀리아 라보리, 〈운동선수처럼 두뇌 훈련하기. "나는 인지 능력을 최대한 발휘하고 싶다"〉, 〈르 몽드〉, 2024년 3월 23일자.
https://www.lemonde.fr/m-perso/article/2024/03/23/entrainer-soncerveau-comme-si-c-etait-un-athlete-je-veux-pouvoir-utiliser-mes-capacites-cognitives-au-maximum_6223786_4497916.html

이나 소모하지 않는다.

  문학이 회색이 아니라 흑백이거나 울긋불긋하다면, 내가 보기에 속독速讀은 공상 같다. 대각선으로 읽는 건 잘못 읽는 것이다. 미용처럼 생산성 향상을 전혀 기대할 수 없는 모든 활동, 교육, 글쓰기, 문화 일반, 그리고 이러한 일 대부분의 근본인 독서는 그렇다. "글쓰기가 뭔지 사람들이 알까?"라고 말라르메는 물었다. 그것은 "오래전부터 있어 온, 그리고 아주 막연하되 집착하는 행위로서, 그 의미는 마음의 신비 속에 있다. 그것을 행하는 이는 자신을, 완전히, 끊어낸다." 독서는 글쓰기와 다르지 않으며, 마찬가지로 끊어낼 것을 요구한다. 사실 나는 이제 더는 책을 날름 삼켜버리지 않는다. 더욱더 느리게 읽으며, 단어들을 과자처럼 음미하고, 천천히 핥고 나서 삼킨다. 나이가 들면서는, "렌토lento(느림)의 친구"인 니체가 권한 대로, 마치 소가 되새김하듯 책을 읽는다. 그는 이렇게 말했다. "괜히 문헌학자였던 게 아니고, 아마 지금도 여전히 문헌학자인데, 이는 곧 느린 독서를 하는 선생이라는 말이다. 어쨌든 글도 그리 느리게 쓴다."[58]

  한데 오디오북이 판도를 바꾸는 것 같다. 오디오북과 더

불어, 독서는 부스터를 달게 될 것이다. 마침내 우리는 다른 걸 하면서 읽을 수 있게 될 것이다. 내가 노르망디 쪽으로 차를 몰고 가는 동안, 앙드레 뒤솔리에가 받아쓰기 속도로 《스완네 집 쪽으로》를 읽어준다. 1분에 150단어 정도인데, 원하면 더 빨리 들을 수도 있어서, 1분에 200이나 250단어, 심지어 300단어까지도 들을 수 있다. 그의 목소리가 고음이 되고, 좀 날카로워지고, 거의 로봇 목소리처럼 들리지만, 나는 프루스트 작품을 두 배 더 빨리 읽게 되어 일리에르에 도착하기 전에 〈콩브레〉 부분까지 끝낼 수 있을 것이다. 하지만 자동차나 대중교통을 이용하면서 오디오북을 듣는 것, 아무리 뒤솔리에가 낭송해준다지만, 뭘 만들거나 조깅을 하면서 오디오북을 듣는 것도 여전히 독서일까? 감히 이런 의문을 제기해보지만 나는 내가, 포켓북을 맹비난하던 내 젊은 시절의 지식인이나 작가들 같은 그런 고리타분한 사람으로 비치지 않길 바란다.

앞에서 나는 "문학은 돈이 된다!"라는 신조를 어떤 이미지와 결합하여 '뉴 로맨스'에 맞서는 새로운 '르네상스(문

---

58) 프리드리히 니체, 〈도덕의 계보〉.

예부홍)'의 상징으로 삼으면 좋겠다고 말했다. 이제 이 문구에 잘 어울리는 이미지를 찾았다고—혹은 되찾았다고 (왜냐하면 르네상스 시대의 가장 유명한 이미지 중 하나이기도 하기에)—생각한다. 베네치아의 위대한 출판인 알두스 마누티우스가 '페스티나 렌테Festina lente'(천천히 서둘러라)라는 좌우명을 그림으로 나타내기 위해 티투스 주화에서 고른 상표, 즉 닻을 감싸고 있는 돌고래 이미지가 바로 그것이다. 에라스무스가 《격언집》에서 얘기한 바에 따르면, 이 지혜는 베네치아의 이 위대한 인문주의자에게 "그가 누려 마땅한 것, 명성 못지않게 큰 황금"을 안겨주었다. "명성 못지않게 큰 황금"을 획득하는 것, 그것을 꿈꾸지 않을 이가 어디 있겠는가?

독서는 건강에도 이롭다

그러므로 이제 느림을 옹호해야 할 때가 되었다. 그것은 무심함·나태함·무관심이 아니라, 언어·문학·독서 등, 생 루이의 '충분한 문학적 소양'과 알두스 마누티우스의 '페스티나 렌테'가 내포하는 모든 것에 대한 장기적인 투자다. 한데 지금 우리가 사는 세상은 언어와 문학 본연의 시간인 기다림과 지속, 지연을 점점 더 싫어한다. 우리는 키보드의 '엔터' 키, 전자식 타자기의 구식 '캐리지 리턴' 키를 누르고는 검색 엔진이나 생성 인공지능의 즉각적인 응답을 기다린다.

  루브르 박물관의 피라미드 아래에 있는 '안내소'에서 방문객들은 안내원들을 자동인형 대하듯 하며 말을 건넨다. 이제는 인사말도 하지 않고, 마치 프롬프트를 작성하 듯 불쑥 질문을 던진다. 눈앞의 인간이 얼굴 없는 화면으로 변해버린 것 같다. 나 자신도 이제는 의식적으로 신경을 쓰지 않으면 슈퍼마켓에서, 병원에서, 역에서, 누군가에게 뭘 물어볼 때 인사말부터 하는 걸 잊곤 한다. 그게 시간 낭비이고, 그런 습관이 이제는 사라져버렸기 때문이다. 우리의 모든 활동, 우리의 모든 욕망은 단기 성과 쪽으로 돌아섰다. 하지만 효과적인 문화 활동은 이벤트성 행사를 넘어, 지속 가능한 발전을 목표로 해야 한다.

지금 매사를 수익성 증대라는 관점에서 생각하는 학교나 대학에서, 언어와 문학에 대한 투자가 돈이 된다는 점을 상기하는 것이 중요하다. 외국어 학습은 오래 걸리고 비용이 많이 드는 투자다. 한데 이제는 머지않아, 어느 강연자가 자신의 모국어로 발언하면, 인공지능 덕에 모든 청취자가 즉시 각자 자신의 언어로 알아들을 수 있게 되어, 소위 글로비시라는 기본 영어조차 배울 필요가 없게 될 것이다. 주기적으로 프랑스에 굴욕감을 안겨주는 OECD의 피사PISA[59] 테스트는 다른 모든 조건이 같을 경우, 외국어 공부가 15세 어린이의 모국어 성적은 물론 수학 성적까지도 올려준다는 사실을 보여준다.[60] 인지 과학은 모국어 아닌 다른 외국어 공부를 통해 길러지는 분석 능력과 정신적 유연성이 수학을 포함한 다른 여러 과목에 도움이 된다는 사실을 확인해주었다. 게다가 외국어를 쓰면 알츠하이머병의 발병이 4년 이상 늦춰진다는 연구 결과도 있다.[61]

다국어 사용의 여러 가지 이점을 마치 생성 인공지능처럼 여기서 죽 '나열'하고 싶지는 않으나, 그것이 인문주의자들이 존경하는 세네카의 옛 격언, "독서 없는 휴식은 죽음이며 살아있는 사람에겐 무덤이다Otium sine litteris mors est et hominis vivi sepultura"(《서한집》, 82)에 더할 나위 없이 구체적인 의미를 부여한다는 걸 여러분도 인정할 것이다.

독서는 건강에도 이롭다. 신경과학자 미셸 데뮈르제는 최근에 출간한 책,《그들에게 책을 읽히세요! 그들을 디지털 멍청이로 만들고 싶지 않다면》(2023년)에서, 인지 학

---

59) 참여국의 만 15세 학생들을 대상으로, 경제협력개발기구(OECD)에서 주관하여 측정하는 '국제학업성취도평가'를 일컫는 말.(―옮긴이)
60) 벤시 울, 리 웨이 공저,《언어 학습의 인지적 이점》, 더 브리티시 아카데미 출판사, 2019년.
61) F. 갈로, J. 아부탈레비 공저,《이중 언어 사용. 언어와 인지》.

습에서 종이책이 갖는 이점을 화면 학습과 비교하여 이렇게 예찬한다. "언어, 읽기 능력, 학업 성공 및 지능에 미치는 영향이라는 측면에서 보면 모든 매체가 똑같지 않다. 여러 연구에 따르면, 고전적 의미의 책(주로 소설)은 매우 유익한 영향을 미친다. 반면, 만화 및 콘텐츠 공유 앱(틱톡, 인스타그램, 왓츠앱… 등)은 그런 영향력이 없거나 아니면 악영향을 끼친다."

젊은이들의 우려스러운 독서 실태를 고발하고 아이들에게 다시 책을 읽게 해야 한다고 주장하는 기사는 언론에 자주 등장한다.[62] 하지만 별 효과가 없는 것이, 그런 기사들은 특히 학교를 비판하고 학교가 기울여야 할 노력부터 강조하기 때문이다. 하지만 리오넬 조스팽의 말처럼 학교가 모든 것을 다 할 수는 없다. 이는 그가 2002년 대통령 선거를 앞두고 국가의 역할에 관해 한 말인데, 이런 주장이 그에게 행운을 가져다주지는 않았다. 독서가 위험

---

62) 토마 B. 르베르디, 〈젊은이들이 다시 독서에 빠져들게 하자. 텍스트의 즐거움으로, 글쓰기 게임으로〉, 〈르 몽드〉, 2023년 6월 24일자; M. 가브리엘 아탈, 〈초등학교 때부터, 글쓰기에 품격 있는 문장을 되돌려주자〉, 〈르 몽드〉, 2023년 9월 13일자; 가브리엘 아탈, 교육부 장관, 〈나는 글쓰기의 힘을 믿는다〉, 〈르 몽드〉, 2023년 9월 15일자.

에 처했다고 해서, 그 책임이 학교에만 있는 건 결코 아니다. 더욱이 여러 설문 조사에 따르면, 젊은 성인들이 대거 책을 버리고 화면을 찾아가는 것은 학교를 졸업한 후, 즉 학업과 정해진 독서 과정을 마친 뒤다.

독서의 원초적 무대는 여전히 가정이다. 전통적으로 그것은, 루브르 박물관에 소장된 제라르 테르 보르흐의 그림 〈독서 레슨〉처럼, 잠들기 전 아이에게 이야기를 읽어주며 책 속으로의 첫걸음마를 떼게 해주는 어머니(오늘날에는 아버지도)를 보여준다. 그러다가 아이는 혼자서 책을 읽게 되며, 마지막에는 아이가 엄마에게 책을 읽어준다. 오르세 미술관에 소장된 마네의 그림 〈독서〉가 보여주는 게 바로 그거다. 마네 부인이 소파에 똑바로 앉아, 오른팔을 팔걸이에 얹은 채 정신을 집중하고서, 장성한 아들 레옹이 들려주는 얘기에 귀를 기울이고 있다. 오르세 미술관에 소장된 다른 그림 〈검을 든 아이〉에서 우리가 보았던 바로 그 아이가 그렇게 자랐다. 〈독서〉에서 그는 왼손으로 소파 등받이를 짚은 채(이 부분은 아마 나중에 추가로 그려 넣었을 것이다), 오른손으로 책을 펼쳐 들고 어머니에게 읽어주고 있다. 오디오 독서도 이벤트 독서도 아닌 내밀한 독서, 독서의 전형이다. 공유 독서로 볼 수도 있겠으나, 어디까지나 이는 화가가, 남편이, 아버지로 추정되는 사람이 관찰한 아들[63]과 어머니 사이의 독서, 은밀하고 행복한, 가정에서의 독서다. 빛이 흰색 커튼 사이로 비치고, 소파도 흰색 다마스크 천으로 덮여 있다. 마네 부인의 드레스도 흰색이나, 벨트·목걸이·모자는 가벼운 검은색 붓 터치로 그려졌고, 커튼 뒤로 비치는 발코니의 녹색 식물과 캔버스 왼쪽 아래에 보이는 녹색 식물은 오른쪽 젊은 남자의 옷 색깔과 짝을 이룬다. 이 그림을 보고 나면 어찌 책을 읽고 싶은 생각이 들지 않겠는가? 이 그림에 내가 유난히 더 예민한 이유는 그림에 묘사된 장면을 체험할 기회를 가져 보지 못했기 때문이다. 어머니에게, 마치 당신의 아이가 된 듯한 어머니에게 책을 읽어줄 기회 말이다.

이 그림을 소장하고 있다가 루브르 박물관에 기증한 이는 폴리냑 공작 부인 위나레타 싱어다. 스스로가 열렬한 독자이기도 했던 몇몇 위대한 작가들, 독서에 대해,《인간

---

[63] 마네가 그린 그림 속의 아들 레옹은 마네의 사생아로 추정되는 레옹 코엘라 렌호프를 가리킨다.(— 옮긴이)

희극》에 대한 자신들의 영원한 충성에 대해 멋진 글을 남긴 프루스트나 콜레트 같은 이들은 이 그림을 조르주 망델 가街의 공작 저택에서 볼 수 있었다. 옛날에 '황제의 길'로 불렸던 조르주 망델 가는 나중에 다시 트로카데로 가, 앙리 마르탱 가, 장 쉬아프 가 등으로 불리게 되지만 (파리의 모든 거리 이름에 프랑스의 역사가 얼마나 집약되어 있는가!), 프루스트와 콜레트가 독서를 예찬하는 이 그림 앞에서 머리를 조아린 건 트로카데로 가에서였다.

자기 삶의 저자 되기

오늘날에는 앎만이 아니라 역량에 대해, 지식만이 아니라 적성과 태도에 대해서도 생각해야 하는 만큼, 이렇게 물어봐야 할 것 같다. 문학을 읽으면 어떤 역량을 갖추게 되는가?

우선 한 가지 역설부터 특기하자. 문학인들, 말하자면 보들레르가 조롱 삼아 하인리히 하이네의 표현을 빌려 "심판하는 교수들"이라고 불렀던 문학 교수들, 또는 "아카데미인들"(오늘날엔 우습게도 어색하게 빌려온 영어를 써서 자신을 그렇게 소개한다), 그러니까 바로 나의 동료들, 그들은 문학의 미래에 대해 실존적 문제를 제기하고, 그들 자신의 미래, 밥벌이의 미래를 걱정한다. 한데, 그들이 그런 불안에 사로잡힌 건 바로 대학에서 문학이 학과의 벽을 넘어 거의 모든 분야로 확산하는 때, 다른 학과들이 다시 문학을 찾고, 문학을 활용하고, 문학으로 전향하는 때다. 그런 때에 정작 문학 학과들은 축소되고 있다. 모든 학과가 문학을 찾고, 문학의 필요성을 인식하고, 점점 더 문학적이 되어가는 시점에 말이다. 지금 도덕 철학이 문학(뿐만 아니라 영화, 시리즈물 등)을 어떻게 가로채는지만 살펴보더라도 이 말이 수긍이 될 것이다. 도덕 철학은 예컨대 '사고 실험'이라는 것을 분석할 때 문학 텍스트를 점점 더 많이 사용하고 있다.

다른 학과들이 문학으로 눈을 돌리고 있는 때에 문학인들이 그런 불안을 느낀다는 건 시의적절하지 않은 것 같다. 경쟁 학과들이 교육 영역을 침입해 보물을 빼앗아간다고 생각하지 않는 한 말이다. 30년 전 내가 소르본 대학에서 강의를 시작했을 때만 해도 첫해에 수강생 수가 천 명이 넘었다. 그래서 퓌비 드 샤반의 대벽화가 있는 '대강당'에서 수업을 했다. 지금은 그 절반도 안 된다. 나머지는 다 어디로 갔을까? 잘은 몰라도 나는 그것을 좋게 생각한다. 그 천 명 중 절반은 부풀려진 수치, 즉 책을 읽는 학생들이 아니라 길 잃은 학생들이기에 그렇다. 원래부터 독자, 타고난 독자, 열성 독자가 아닌 문과 학생은 잘못된 추천의 희생양이니 말이다.

위에서 말한 철학에서의 윤리적 전환은 문학적 전환이었다. 심리학·사회학·철학 등 오늘날의 학과 대부분에서 지배적인 위치를 차지하고 있는 주체 이론은 정체성과 서사성을, 따라서 주체성과 문학을 하나로 묶고 있으며, 그 여파가 마케팅과 광고에도 미친다. 이 이론은 우리가 자전적 서사, 다시 말해 자기 삶의 이야기를 구성함으로써 주체성, 즉 '자아'를 만든다고 주장한다. 그리고 우리가 어떤 이유에서든 그런 삶의 서사를 갖지 못하면, 잘 살지 못하고 불행해지며 여러 장애를 겪게 된다고 말한다. 자신의 삶에 대한 서사적 관점이 없으면, 자신의 삶을 기억으로 재구성하지 못하면, 도덕적 경험도 불가능하다. 이 같은 '서사적 자아'론은 분석학적 도덕 철학자들의 저술에서 등장했는데, 캐나다인 찰스 테일러의 《자아의 원천. 현대 정체성 만들기》(1989년)가 대표적이다(이 책은 1998년에 프랑스 쇠이유 출판사에서 번역 출간되었다).

프랑스에서 이 이론을 촉진한 가장 저명한 인사는 폴 리쾨르였다. 그는 두툼한 3부작 《시간과 서사》(1983~1985년)에서 서사 형식을 떠나서는 시간 경험이 있을 수 없다는 공리를 내세우고, 이어 《타자 같은 자기 자신》(1990년)에서 다음과 같은 자명한 사실을 제시한다. "삶이 취합되지 않는다면 어떻게 (…) 행위 주체가 전체적으로 조망된 자신의 삶에 윤리적 특질을 부여할 수 있으며, 또한 서사 형태가 아니고서야 어떻게 그런 취합이 가능하겠는가?" 현직 프랑스 공화국 대통령의 멘토[64]에게 이 질문은 수사학적 자명성에 속한다. 대통령 자신도 서사적 정체성 이론의 옹호자요, 잔 다르크에서부터 조세핀 베이커에 이르기까지, 프랑스인의 '함께 살기' 조건으로서 국가적 서사의 열성 주창자이기도 하다.

한데 이 질문은 분명 수사학적 질문이기는 하나 명제의 취약성을 노출하는데, 그것은 바로 서사와 그 미덕들에 대한 일종의 신조credo 혹은 신앙에 가까운 믿음이라는 문제다. 즉, 자기 서사가 모든 도덕적 삶의 필수 불가결한 전제 조건이고, 오직 우리의 연속성과 통일성에 대한 서

---

64) 마크롱 대통령은 폴 리쾨르의 지도하에 박사 예비과정을 밟았다.(―옮긴이)

사적 재구성만이 우리의 '현재 자아'에 의미를 부여할 수 있으며, 행복한 삶이란 늘 서사적 일관성을 갖는 삶이라는 믿음 말이다. 이는 서사 형식의 문학에 너무 심하게 동조하는 것 아닐까? 또한 모든 서사가 일관성을 지녀야 하는가? 문학의 일관성이 하나의 법칙인가? 그것은 오히려 '심판하는 교수'의 관습 같은 것이 아닐까? 우리가 텍스트를 읽거나 해석할 때, 일단 학교의 규칙에 맞게 쓴 텍스트에 대한 나의 설명과 해설을 제출하고 난 뒤에는, 텍스트에 나타난 실수라든가, 결함, 환상, 맹목 같은 것에 예민하게 반응하지 않는가? 게다가 모든 텍스트가 서사의 일관성을 갖는가? 겉보기엔 일관된 서사로 보여도 곰곰이 생각해보면 복잡한 텍스트로 바뀌곤 하지 않는가? 폴 드 만은 1971년에 출간한 자신의 한 작품에 'Blindness and Insight'라는 제목을 붙였는데, 나는 이를 단순히 '맹목과 직관'으로 옮기지 않고, '모호함과 통찰력' 혹은 '통찰 불능과 명철함'으로 옮기고자 한다. 왜냐하면 바로 그것들이 모든 텍스트와 삶의 두 국면이고, 독서가 내게 피상적 일관성을 경계하도록 가르쳐준 바이기 때문이다.

  이 서사적 정체성 이론 혹은 신앙은 서사 요법들의 유

행을 설명해준다. 잘 살기 위해서는 다시 자기 삶의 저자가 되어야 하고, 자기의 저자가 되어야 한다는 것 말이다. 산다는 건 곧 자기 삶을 쓰는 거라는 얘기다. 'Authoring Life', 'Self-Authoring' 같은, 사는 법과 관계된 수많은 책 제목들의 유행은 이에서 비롯된다. '서사적' 의미의 문학 모델이 심리학에 넘쳐나고, 'life as authoring', 즉 '저자되기auteurisation(영어 동사가 된 to author와 그 현재 분사인 authoring을 달리 어떻게 옮겨야 할지 몰라 만든 이 끔찍한 신조어를 양해해주길)로서의 삶'을 규정한다. 그리하여 인간의 행동은 하나의 텍스트, 더 정확하게는 하나의 이야기로 이해되고, 'Self', 즉 '자아'는 이야기의 저자인 '서사narration'가 구성한 인공물과 같아진다.

지금 우리는 한창 서사 이데올로기, '스토리텔링' 이데올로기에 빠져 있다. 2012년에 교육부 장관이 된 뱅상 페이용은 2010년 〈르 몽드〉와의 인터뷰를 다음과 같은 야심 찬 선언으로 맺었다. "우리 세대는 아직 '역사'에서 발언권을 갖지 못했습니다. 우리 자신의 서사를 써나가야 합니다"(2010년 1월 23일자). 머리글자를 대문자로 쓰는 '역사Histoire'와 '서사récit'가 방정식의 좌변과 우변에 놓여, 독사

175

doxa[65])에서 서사 개념이 갖는 우월성을 증언한다. 이 슬로건은 역사를 만들고, 행동하고, "세상을 바꾸자"라는 것이 아니라, 발언권을 갖고, 자기 이야기, 자기 자신의 이야기와 자기 세대의 이야기를 쓰자는 것이다. 마케팅에서 빌려온 스토리텔링의 시대에는 정치적 행위마저 점점 더 서사 용어들을 통해 사유된다. 좋든 싫든 이는 '콤com'의 승리, 문학의 승리다. 그러니 지금 문학이 어렵다는 얘기는 하지 말자!

사르코지가 2012년 대선에서 프랑수아 올랑드에게 패했을 때, 사람들은 그의 패배를 그의 문학적 소양 부족으로 설명하는 걸 빠트리지 않았다. 그렇다고 상대방의 문학적 소양이 그리 뛰어났던 것도 아니나(생 루이라면 이 두 사람이 "성스러운 생활"을 하는지 어떤지는 알아볼 것도 없이, 둘 중 누구도 딸의 고해신부로 추천하지 않을 것이다), 퇴임을 앞둔 대통령은 내무부 장관이던 2006년 《클레브 공작부인》에 대해 했던 돌출 발언으로 서서히 프랑스인들의 신뢰를 잃어왔다. 프랑스인은 책을 많이 읽지 않더라도(CNI 기준 하

---

65) 커뮤니케이션의 토대가 되는 온갖 견해, 선입견, 전제 등의 총합.(—옮긴이)

루 41분은 확실히 아니다) 자신을 '문학 국가'의 일원으로 여기는 사람들 아닌가. 대통령이 그날 저녁 텔레비전에 출연할 것을 예상한 한 정치 평론가는 라디오에서 사르코지 대통령의 목표는 "자기 임기의 역사를 구성"하는 것, "자기 행위의 서사를 구성"하는 것이어야 한다고 말했다. 프랑스인들의 마음을 움직이고, 다시 그들의 신뢰를 얻는 데 필요한 만병통치약이 스토리텔링이라는 커뮤니케이션의 유비쿼터스 기술인 모양이다. 필립 레노는 2012년 1차 투표 다음 날 〈르 몽드〉에서, "니콜라 사르코지는 자신의 행동과 일체화된 국가 서사를 제시하지 못했다"(〈르 몽드〉, 2012년 4월 25일자)라고 선언했다. 그는 사르코지의 초라한 성적표가 서사의 우유부단함 때문이라고 분석했다. 독일 모델에 대한 찬사와 프랑스 모델에 대한 옹호 사이에서 오락가락했고, 민족주의와 정체성주의에 보내는 윙크를 자유주의에 대한 예찬에 뒤섞었기 때문이라고 말이다. 요컨대 사르코지의 서사에는 행복한 삶을 만드는 신성한 일관성이 부족했다는 얘기다.

그러나 승리하는 후보란 서사가 가장 일관된 후보가 아니라 국가가 듣고 싶어 하는 이야기를 들려주는 후보, 혹은 자신의 서사가 바로 국가가 듣고 싶어 하는 서사라고 믿게 하는 후보다. 올랑드에 이어 우리는 제5공화국 초대 대통령들(샤토브리앙의 언어에 심취한 장군이거나, 폴 엘뤼아르의 시를 좋아한 파리 고등사범학교 졸업생, 자크 샤르돈의 스타일에 매료된 변호사 등)만큼이나 문학적 소양을 갖춘 국가 원수를 선출했다. 최고의 대가를 스승으로 모셨고, 《기억, 역사, 망각》(2000년)이라는 책을 쓰기도 한 엠마뉘엘 마크롱은 역사가들에게 맡겨진 임무(알제리 전쟁, 르완다 내전 문제 등)를 거듭 도맡아 하고, 기념행사(1918년, 1944년 등), 팡테옹 입성자 및 국가적 오마주의 수를 늘리고자 했다. 그의 명시적 의도는 여러 기억을 화해시키고, 공통점을 재발견하고, 강력한 기억 서사를 통해 국가의 단결을 회복하는 것이었지만, 그런 식으로 배를 가득 불렸음에도 불구하고, 아니면 바로 그것 때문에, 그의 방식은 전임자들의 짧은 '콤com'과 캐치프레이즈("프랑스를 사랑하지 않으면 떠나라"라든가 "엠마뉘엘 마크롱, 나는 그를 이길 수도 있었다" 등)보다 여론에 더 많은 영향을 준 것 같지는 않다.

러시아가 우크라이나에 벌인 전쟁이라든가, 이스라엘과 하마스 간의 분쟁 등, 이제는 전쟁조차도 이에 수반되는 서사들의 전쟁 없이는 생각하기 어렵다. 모두가 선전을 목적으로 역사를 다시 쓴다. 제1차 세계대전 때도 이미 참호 양쪽에서 '거짓 선전'이 만연했던 만큼 이것이 새로운 일은 결코 아니지만, 지금은 소셜 네트워크에서 가짜 뉴스fake news가 순식간에 퍼지고 대체 현실alternate reality, 심지어 대체 사실alternative facts이 인공지능에 의해 불어나면서 허위 정보의 규모가 전례 없는 수준에 이르렀다.

요컨대, 문학이 문과 대학만 빼고 곳곳으로 확산하고 있으나 대개는 우이독경 같으며, 또한 문학의 그러한 미디어적 승리는 막대한 희생을 치르고 얻는 승리, 동화童話라는 일관된 서사로 축소되는 대가로 얻는 승리가 될 수도 있을 것이다.

문학은 어디나 있다

문학의 편재성을 말해주는 또 다른 예는 '서사 윤리학'의 한 지류인 '서사 의학', 즉 의학에 적용된 서사적 정체성 이론이다. 컬럼비아 대학교에 재직하고 있을 때, 나는 서사 의학 프로그램의 초대를 받은 적이 있는데, 설립자인 리타 샤론은 이를 다음처럼 정의한다.

> 서사 의학은 질병 이야기stories를 인식하고, 흡수하고, 동화하고, 해석하고, 감동하는 데 필요한 서사적 역량을 키워 치료 행위를 강화한다. 서사 의학 프로그램은 그러한 서사 교육을 통해, 의사·간호사·사회복지사·치료사 등이 주의력이나 성찰 역량, 표상 역량, 환자 및 동료와 협력하

는 역량을 발전시켜 치료 효과를 개선하도록 돕는다. 우리의 연구 및 원조 활동 임무는 이러한 아이디어와 실천을 개념화하고 발전시켜 국가적·국제적 수준으로 끌어올리는 것이다.[66]

서사 의학은 점점 더 기술적으로, 즉 비인간적으로 변해가는 의료계의 한구석을 파고들었다. 그간 의료계는 질병을 해결해야 할 문제로 다루면서 그런 모델의 한계를 인식하고 있었다. 서사 의학이 의료 종사자들에게 권하는 건 의료 행위를 서사를 중심으로 하여 '구성'하는 것인바, 결국 '구성'이 이 프로그램의 핵심 용어인 셈이다. 오늘날 거의 모든 곳에서 발견할 수 있는 이 말은 곧 '구성주의'가 지배적인 이념임을 가리킨다. 그래서 이제는 의사들에게 서사를 가르치게 될 것이고, 진단(환자가 자신의 질병을 이야기하는 것이 좋으므로), 치료(그 전체적 접근 방식으로 보면, 서사 자체가 테라피 혹은 완화 효과가 있는 데다, 치료되든 안 되든 질병이 서사를 통해 구성되는 것이 필수이므로), 연구(환자를 중심

---

66) 리타 샤론, 《서사 의학. 질병 이야기를 존중하기》, 옥스퍼드 대학 출판부, 2006년.

에 두고, 환자가 새로운 가설을 제시할 수 있게 하는 것이 권장되므로)에 이르는 의료 과정의 전 단계에 걸쳐, 시쳇말로 '내러티브'라는 것이 어떤 도움이 될 수 있는지를 가르치게 될 것이다.

이러한 서사 의학 프로그램은 도덕 철학이나 문학 이론, 질병 서사 분석 같은 것들에 도움을 청한다. "인문학의 사유 방법을 이용하여 사회 내 인간의 건강 문제를 생각하는 것이 소명"이라는 어느 석사 학위 과정 지원자는 "나는 좀 더 나은 의사가 되고 싶다"라고 선언한다.

이렇듯 서사 의학은 기업, 경영, 마케팅, 조직 및 커뮤니케이션 등에서 가져온 스토리텔링을 현대 의학의 합리적 방법을 보완하는 데 활용한다. 문제를 확인하고, 상황을 분석하고, 해결책을 제시하는 데 그친 현대 의학의 기술적 3요소에, 고대 수사학을 연상시키는, 즉 주창자들에 따르면, 관심을 끌고, 변화 욕구를 자극하고, 나아가 합리적인 논증을 통해 확신을 가져다주는 것이 골자인 서사적 3요소가 덧붙는 것이다.

'질병 서사Illness Narrative'의 새 정전 같은 작품들이 곧 굳건히 자리 잡았고, 그 방점은 으레 그렇듯 질병이 삶에 주는 맹목Blindness이 아니라 통찰Insight에, 모순이 아니라 일관성에 놓여 있다. 가장 눈에 띄는 작품들로는, 헨리 제임스의 《비둘기의 날개》, 토마스 만의 《베네치아에서의 죽음》이나 《마법의 산》, 프루스트의 《잃어버린 시간을 찾아서》 등이 있다. 그러니까 의과대학에 가면 좀 더 나은 의사, 좀 더 인간적이고 더 설득력 있고 더 치료를 잘하는 의사가 되기 위해 프루스트를 읽는다는 얘기다. 문학 세미나라든가 독서 모임이 병원에서 활발하게 이루어지는 이유는 오랫동안 의학 연구나 의료 행위와 분리될 수 없었던 인문학의 차원이 그간 병원에서 너무 사라졌기 때문이다.

의사들은 콜레주 드 프랑스가 1530년에 설립된 이후 20세기에 이르기까지 오랫동안 대학 내의 가장 큰 교수 집단을 대표해왔다. 그들은 의학, 해부학, 자연사, 화학, 발생학뿐만 아니라 그리스어, 라틴어, 아랍어, 철학, 수학 등 모든 과목을 가르쳤다. 수 세기 동안 의사가 가장 보편적인 학자였기 때문이다. 20세기 후반의 가장 저명한 문학 비평가 중 한 사람인 의사 장 스타로뱅스키는 21세기 초에 비약적으로 발전한 서사 의학의 가장 뛰어난 선구자였다.

  나의 동료 패트리지아가 병에 걸렸을 때, 이미 나는 그 수년 전부터 컬럼비아 대학의 서사 의학 프로그램과 연락을 주고받고 있었고, 위에서 말한 내용을 머릿속에 간직하고 있었다. 패트리지아는 여러 달째 계속 기침을 했는데, 항생제도 효과가 없었고, 폐 질환 전문의는 어떤 단서도 찾아내지 못했다. 마침내 우리는 한 친한 친구 덕분에 어느 거물급 의사와 약속을 잡았다. 그는 그녀를 면담하고 나서 검사를 다시 받게 했다. 그 후 그가 그녀를 다시 만나서 그녀에게 해준 말은 "심각하거나 아주 심각하다"는 네댓 마디뿐이었다. 서사의 짧기로는 펠릭스 페네옹의 "세 줄짜리 단편들"을 능가했으나, 그래도 일관성은 있었다. 나중에 나는 중개자 역할을 해준 친구에게서, 의사가 그 친구의 부탁을 들어주기 전에 전화로, "내가 괜한 일로 방해받지는 않았으면 합니다"라고 말했었다는 사실을 알게 되었다. 물론 괜히는 아니다. 돈을 받았으니까. 확실한 진단으로 정평이 난 그 거물 의사는 규정대로 정확히 지시했고, 그것에 대해서는 우리도 고마워하는 바다. 하지만 그가 어느 조촐한 서사 의학 세미나에 참석하거나, 소설이나 시집 몇 권만 읽어보았어도 그렇게 로봇처럼 말하지 않고 좀 다르게 이야기할 수 있었을 것이다.

이와 유사한 움직임이 법 연구에서, '법과 문학'이라거나, 혹은 '문학 속의 법', 좀 더 교묘하게는 '문학으로서의 법', 즉 문학적 혹은 서사적 '구성'으로서의 법이라는 기치 아래 나타났다. 사람들은 법 또는 법적 상황이 문학에서 어떻게 표현되는지를 연구하면서, 디킨스나 도스토옙스키, 카프카 또는 카뮈의 작품을 읽기도 하고, 다른 한편으로는 비평과 문학 이론의 도구를 사용하여 법률 텍스트를 해석하는 방법을 모색하기도 하는데, 그러한 해석학적 관심은 다시금 폴 리쾨르의 작품들을 참조하게 한다. 이런 식으로 문학은 법률가 양성에서도 나름의 역할을 맡고 있으며, 2017년부터 〈법과 문학〉 같은 잡지들이 먼저 영어로, 뒤이어 프랑스어로도 등장했는데, 이런 지면을 통해 법률가와 문학가가 빅토르 위고라든가 프루스트에 관한, 혹은 '작가의 책임'에 관한 공동 연구를 하고 있다.

사회학, 민족학, 역사학, 특히 문화사 분야에서도, 이와 같거나 다른 여러 가지 변화의 흐름이 일었다. 안 시모넹과 지젤 사피로, 로제 샤르티에와 장 이브 몰리에 등, 문학, 또는 적어도 책·출판·문학적 삶을 아무런 거리낌 없이 자기들 영역으로 탈취해간 이들은 부지기수다.

  미술관들에서도 마찬가지다. 이제 전시회는 하나의 이야기요, 작품들 속으로의 어떤 여정旅程을 구상하는 건 곧 하나의 서사를 제안하는 것과 같은 것으로 받아들여지고 있다. 한평생 나는 뉴욕현대미술관(MoMA)에서 현대미술의 세 가지 '서사'를 경험했던 것 같다. 그 첫 번째는 내가 청소년기에 접했던 '절대적으로 현대적인' 서사, 즉 세잔에서 폴록으로, 입체주의에서 초현실주의와 추상적 표현주의로 이어지는, 프랑스와 미국 회화의 대로大路에 관한 알프레드 바르와 클레멘트 그린버그의 서사다. 두 번째는 1980년대 중반에 접했던 포스트모던 서사, 즉 프랑스의 축에서 벗어나는, 그러나 유럽풍을 유지하면서 여러 갈래를 끌어들이고, 러시아 구성주의와 독일 표현주의를 그 구불구불한 진행에 삽입하는 서사다. 세 번째는 2010년대 말에 접한 해체 서사로, 백인도 남성도 국가도 아닌, 글로벌하고, 다문화적이고, 교차적이고, 주제와 연대를 혼합하고, 대담한 병치를 늘리고, 모든 일관성을 해체하는 서사다. 이와 유사한 기획이 2023년 가을 메트로폴리탄 미술관에서 개막한 새로운 유럽 회화 전시회에 영감을 주어, 살바도르 달리의 십자가상을 무릴로·리베라·주르바란 같은 화가들의 작품 속에 투입하고, 피카소와 세잔의 작품을 그레코 같은 화가들의 작품 사이에 넣기도 하고, 막스 베크만의 3부작과 프랜시스 베이컨의 세 자화상을 14, 15세기 종교 회화 속에 투입하여 베노조 고졸리와 니콜라 프로망의 작품 곁에 전시한다.

문학적 소양, 즉 폴 리쾨르와 더불어 우리가 '서사적 역량'이라고도 부를 수 있는 이것을 갖추면 더 나은 변호사, 더 나은 의사, 더 나은 미술관 큐레이터가 될 수 있다는 사실은 이제 널리 인정받고 심지어 유행하고 있기도 하다. 프랜시스 베이컨(화가가 아니라 철학자 베이컨)은《무신론에 대하여》에서 이렇게 말했다. "철학을 조금 공부하면 신에게서 멀어지나, 철학을 깊이 있게 공부하면 다시 신에게로 기울어진다." 우리도 이렇게 말하자. 얄팍한 기술은 문학에서 멀어지게 하지만 많은 기술은 다시 문학으로 데려간다고. 법·의학·공학·상업 등 직업 학교들에서 이루어지는 문학 교육은 해롭기는커녕 대단히 유익한 거라고.

시인들의 은혜

지금까지 나는 서사가 행복한 삶에 어떻게 공헌하는지만 이야기했다. 하지만 문학은 서사에, 스토리텔링에 국한되지 않는다. 엔지니어·의사·변호사 등, 누구든 이야기를 할 줄 알면 더 나은 사람이 될 수 있다. 카페 뒤 코메르스[67]에만 가보더라도 이 말이 이해될 것이다. 프루스트를 읽은 사람은 카페 계산대에서 남들보다 더 신뢰받는다. 한데 보들레르나 프루스트는 시인이기도 했다. 발레리는 인간에게 배고픔과 갈증과 수면 욕구가 있듯이 시에 대한

---

67) 'café du Commerce'는 사람들이 온갖 소문을 주고받는 장소를 가리키는 관용구로 쓰이기도 한다.(—옮긴이)

욕구가 있다는 생각에 이의를 제기했지만, 나는 그가 틀렸다고 말했다. 왜냐하면 서랍을 여닫고 수도꼭지를 틀고 잠그는 아이는 이야기를 하기 시작하고, 말을 가지고 노는 건 서랍이나 수도꼭지를 조작하는 것과 다르지 않으며, 아주 어릴 때부터 끊임없이 그렇게 하는 아이는 금방 시의 작동 방식을 이해하게 되기 때문에 말이다. 이미지는 무서우리만치 효과적일 수 있다. 빅토르 위고의 시 〈명상〉에 나오는 두 구절("진보, 이 이중 기어가 달린 바퀴는 끊임없이, / 누군가를 으스러뜨리면서 뭔가를 나아가게 한다")은 내가 《반反현대인들》이라는 수백 쪽짜리 책을 통해 설명한 내용을 전달하기에 충분하다.

경제학·사회학에서는 서사를 잘 아는 것도 중요하지만, 이미지를 창조하고 은유를 가공하는 것도 아주 중요하다. 나는 비유적 언어를 다루는 재능이 별로 없는 경제학자나 사회학자는 대성하기 어렵다고까지 말하고 싶다. 앞에서 나는 생산성 향상이 없는 경제 영역, 불행하게도 바로 우리의 영역인 문화에 불리한 보몰의 말 '비용 질병'을 인용했었다. 물론 보몰의 법칙이 전적으로 그가 붙인 명칭 덕에 성공한 건 아니지만, 그 이름이 한몫한 건 분명하다.

 경제학과 사회학의 성공한 모든 개념은 어김없이 문학적이거나 시적인 개념이다. 꿀벌의 우화라든가, 깨진 유리창, 역효과, 자기실현적 예언, 세렌디피티(이 이미지에 대해서는 나중에 다시 설명할 생각이다), 공짜 점심free lunch("내일은 면도가 공짜"), 무임승차자free rider(다른 사람의 등에 업혀 재화나 서비스에서 이익을 얻는 사람), 우연happenstance(그리스어의 카이로스kairos같은, 적시에 적절한 장소에 있는 것), 맹점 blindspots(간단히 말해서 인지적 편향), 블랙스완(큰 파장을 불러 일으키는 드문 사건) 등이 그렇다. 블랙스완은 1970년대에 공식화된 에드워드 로렌츠의 혼돈 이론("브라질에 있는 나비 날개의 파닥거림이 텍사스에 토네이도를 일으킬 수 있는가?")이라든가, 19세기 말에 모방 이론가 가브리엘 타르데가 만든 개념, 즉 "새 날개의 가벼운 스침이 눈사태를 일으키는 경우"처럼, 중대한 균형을 무너뜨리는 미세한 우발적 충격을 떠올리게 한다. 오늘날에는 그런 것이 넛지nudge 효과[68]를 낸다. 팔꿈치로, 손가락으로 쿡 찌르는 작은 격려가 내는 효과. 그 가장 좋은 예는 암스테르담 스키폴 공항의 소변기 바닥에 그려진 파리다. 청소 비용을 절감하려고,

은근히 사용자의 정확한 조준을 유도하는 그림이다. 이렇듯 스키폴 공항이든 어느 다른 곳이든 시적 창의력이 필수적인 영역이 있는바, 수학과 물리학, 프랙털[69]이니 슈뢰딩거의 고양이니, 블랙홀 같은 건 더 말할 나위도 없다.

프레데릭 바스티아(내가 어렸을 때 당고모 한 분이 프레데릭 바스티아 거리에 살았는데, 그 집에서 나는 거기서 멀지 않은 프랭클린-루스벨트 가에서 은행원으로 일하던 당고모부에게서 첫 경제학 수업을 받았다)는 《우리가 보는 것과 보지 못하는 것》(1850년)에서 깨진 유리창의 우화를 반박했다. 그는 궤변 같아 보이는 이 우화의 오류를 반박해서 명성을 떨쳤다. 자크 본옴므의 아들이 유리창을 깨뜨려 경제 사이클을 순환시켰다는, 겉보기에 모두에게 유익할 것 같은 그 파손 사고를 그는 이렇게 요약한다. "불행한 일에도 좋은 점이 있다. 그런 사고가 산업을 돌린다. 모두가 살아야 한다. 유리창이 절대 깨지지 않는다면 유리공들은 어떻게 될까?"

바스티아는 언어에 귀 기울일 줄 아는 경제학자이자 문

---

[68] '옆구리를 슬쩍 찌른다'는 뜻으로, 강요하지 않고 유연하게 개입함으로써 선택을 유도하는 것이 더 나은 결과를 낸다는 가설.(―옮긴이)
[69] 부분의 모습이 전체의 모습과 비슷한 기하학적 형태를 말한다.(―옮긴이)

학적 소양이 있는 관념론자였다. 그의 표현은 내게 보들레르의 산문시 〈후광의 분실〉을 상기시킨다. 길모퉁이에서 넘어져 시인의 상징인 후광이 한길 바닥에 떨어지자 시인은 이렇게 중얼거린다. "그래, 불행한 일에도 좋은 게 있지. 이제 나는 평범한 사람들처럼 눈에 띄지 않게 나다닐 수 있고, 비열한 짓도 할 수 있고, 방탕에 빠질 수도 있을 테니까." 〈후광의 분실〉, 〈나쁜 유리 장수〉, 〈가난뱅이의 장난감〉, 〈가난뱅이들의 눈〉, 〈위조 화폐〉, 〈가난뱅이들을 때려눕히자!〉 같은 산문시들은 모두 바스티아식의 경제적 우화들이다.

유리 장수 우화의 교훈은 "깨진 유리창을 수리하는 데 쓴 돈은 수리공에게 일거리를 주고, 이로써 수리공은 자신의 지출을 늘릴 수 있고, 이것이 또 다른 사람들에게 일거리를 주게 된다"라는 것이다. 그러나 바스티아는 개인의 결정을 앞세우는 자유주의 원칙의 이름으로 이 같은 사회적 낙수효과 논리에 이의를 제기한다. "여기서 우리가 보지 못하는 것은, 유리창이 깨지지 않았다면 그 돈이 달리 쓰였을 거라는 점이다. 깨진 창문은 단지 돈을 다른 지출로 돌렸을 뿐이다."

물론이지만 바스티아의 깨진 유리창 뒤에는 버나드 맨더빌의 유명한 꿀벌의 우화가 있다. 그의《꿀벌의 우화, 또는 사적 악덕, 공적 이익》(1714년)은 사익의 추구, 즉 이기주의가 집단 번영의 조건임을 주장하는 자유주의 경제 사상의 기초가 된 텍스트다. 철학자 프리드리히 하이에크와《이기심의 미덕》(1964년)의 저자이자 현대 미국 신자유주의의 조언자인 소설가 에인 랜드에 의해 20세기에 재등장하기 훨씬 전에 천명된 자유주의 사상의 신조이기도 하다. 그러니까 경제적 자유주의의 바이블은 맨더빌이 쓴 이 우화인 셈이다. 그는 라퐁텐의《우화》영어 번역자이기도 했고(이는 우연이 아니다), 애덤 스미스는 그의《꿀벌의 우화》에서 착상하여, 지금도 여전히 영감을 주는 또 다른 위대한 우화《국부론》(1776년)을 집필하게 된다.

　에인 랜드의 두 번째 소설《아틀라스의 반란》(1957년)은 현재 미국 하이테크 리더들, 부의 창조자들, 디지털 기업가들을 포함한 많은 추종자를 갖고 있다. 테슬라, 스페이스X, X(예전의 트위터)의 소유자로 한동안 세계 최고 부자였던 일론 머스크도 그중 한 사람이다. 프랑스에서는 이 책의 영향력이 그렇게까지 크게 느껴지지 않지만, 그건 사실 프랑스 사람들 문제다. 미국 대통령 조지 W. 부시도 영국 총리 토니 블레어와 프랑스 경제의 쇠퇴에 관해 대화를 나누며 이렇게 말하지 않았는가. "The problem with the French is that they don't have a word for entrepreneur."(프랑스 사람들의 문제는 기업가라는 단어가 없다는 것입니다.")

더러 방광을 랜턴으로 착각하기도 하나, 비유적 재능으로 공상 같은 경제적 관념들을 유행시키는 데 공헌한 시인 무리가 적지 않다.

내가 컬럼비아 대학에 재직할 때 알게 된 사회학자 로버트 K. 머턴은 시의적절한 많은 은유를 시장에 쏟아냈다. 그는 '역효과'의 발명자로, 크게 번성하게 되는 이 개념은 프랑스에서는 레몽 부동의 책 《역효과와 사회 질서》(1977년)를 통해 유포되었다. 머턴은 25세 때인 1936년에 쓴 "종자種子 같은" 논문 〈의도적인 사회적 행동의 예상치 못한 결과The unanticipated consequences of purposive social action〉[70]에서 이미 이 개념을 검토했었다. 그 후 1948년에는 "자기실현적 예언self-fulfilling prophecy"이라는 미묘한 표현을 만들어냈고, 1949년에는 "세렌디피티serendipity"라는 재미난 말—나중에 "sérendipité"라는 말로 프랑스어화한—을 부활시켜, 이 말과 사물의 계보를 호레이스 월폴에서 출발하여 볼테르의 콩트 《자디그》를 거쳐 추적하기도 했다. 카를로 긴츠부르그가 1980년에 발표한 중요한 연구인 〈흔적. 지수적 패러다임의 뿌리〉에서 이 말의 운명에 대한 추적을 조반니 모렐리, 프로이트, 코난 도일까지 이어가기 훨씬 전에 말이다.[71]

머턴은 베르나르 드 샤르트르가 현대인과 고대인의 관계, 혹은 성당의 스테인드글라스 창문에 묘사된 신약 전도사들과 구약 예언자들 사이의 관계를 나타내기 위해 만든 것으로 알려진 또 다른 기막힌 은유를 제목으로 한 책 《거인들의 어깨 위에서》(1965년)에서, 세렌디피티의 작용을 분석하기도 했다. 월폴이 말한 "운 좋은 우발 사건"은 단순한 우연이나 행운을 훨씬 넘어서는 것이다. 다른 것을 찾고 있다가 가치 있는 뭔가를 발견하는 것, 혹은 찾게 되리라고 기대하지 않던 곳에서 뭔가를 발견하는 것이다.

---

70) 〈미국 사회학 리뷰American Sociological Review〉, I, 1936년.
71) 카를로 긴츠부르그, 《신화, 상징, 흔적Miti, emblem, spie》, 에이나우디 출판사, 1986년.

세렌디피티는 물론 우연에 달려 있지만, 이외에도 인식, 그리스어로 아나그노리시스anagnorisis라는 것, 즉 예상치 못한 것을 알아차리는 능력도 필요하다. 다시 말해 자신이 찾고 있던 게 아닌 다른 것을 찾았다는, 혹은 사람들이 찾고 있던 곳이 아닌 다른 곳에서 그 찾고 있던 것을 찾았다는 사실을 인식할 수 있는 능력 말이다.

머턴은 세렌디피티를 "운 좋은 우발 사건"보다는 "우발적인 통찰력", 기회를 분별하는 기술로 정의한다. 이는 C. P. 스노우가 1959년의 그 불운했던 강연에서, 과학 문화와 문학 문화라는, 그가 근본적으로 화해 불가능하다고 보았던 두 문화 구분이 착오임을 보여준다. 세렌디피티는 오히려 모든 연구자, 실은 모든 사람이 파스칼이 차별화한 '섬세함의 정신'과 '기하학의 정신'을 결합해야 할 필요가 있음을 확증해준다. 그것은 "여우는 많은 것을 알고, 고슴도치는 큰 것 하나만 안다"라고 한 아르킬로코스의 고슴도치와 여우 커플, 이사야 벌린이 1953년에 쓴 에세이 《고슴도치와 여우》에 다시 다룬 이 두 커플을 화해시킨다. 세렌디피티는 안전한 길(구습)에서 벗어날 줄 알고, 또한 길가에서, 보도 모퉁이에서, 삶이 그에게 주는 "운 좋은 우발 사건"을 인식할 줄 아는 고슴도치의 여우 같은 행동의 승리를 증언한다.

"진정한 재능은 아무리 흥미롭더라도 가능성이 없는 기회는 포기할 줄 알고, 찾지 않고도 발견하여 큰 이익을 가져다줄 수 있는 것을 부단히 추구할 줄 아는 능력에 있다."[72] 이는 바로 〈후광의 분실〉이 주는 교훈 아닐까? 머턴의 마지막 저술 중 하나를 소개하는 서문에 세렌디피티는 그렇게 정의되어 있다. 이 교훈은 과학은 물론 비즈니스, 예술은 물론 직업에도 적용되며, 어떤 이야기가 가능한지, 어떤 이미지가 탄생했는지를 인식하는 것이 본질인 문학적 역량을 완벽하게 정의한다. 그것은 율리시스의 꾀 mètis요, 포획보다 사냥을 더 좋아한 몽테뉴의 호기심이요, 보들레르의 소요逍遙요, 프루스트의 질질 끄는 버릇이요, "현대생활을 그리는 화가" 콘스탕텡 기가 크라$_{Cras}$라고 줄여 말했던 것이기도 하다. 주의 깊은 멜랑콜리 같기도 하고, 떠돌며 하는 청취 같기도 하고, 꾀바른 경계 같기도 한

---

[72] 로버트 K. 머턴, 엘리너 바버 공저,《여행과 세렌디피티의 모험, 사회학적 의미론의 한 연구》, 프린스턴 대학 출판부, 2002년.

세렌디피티를 위협하는 것으로, 단기 성과 요구, 성과 우선performance first보다 더 위험한 건 없다.

마태 효과

머턴의 가장 훌륭한 발견 중 하나, 그가 "마태 효과"라고 명명한 것을 언급하지 않고 이 사회과학계의 시인과 헤어질 수는 없다. 그가 가리킨 것은 마태복음의 이 내용이다. "무릇 있는 자는 받아 풍족하게 되고 없는 자는 그 있는 것마저 빼앗기리라"(13:12). 마태 효과는 예컨대 시험에서 꼴찌로 합격하는 사람과 불합격하는 첫 번째 사람 사이의 차이 같은, 처음의 작은 차이가 지속해서 만들어내는 누적 이점을 가리킨다.

머턴이 1968년의 짧은 논문[73]에서 든 마태 효과의 첫 번째 예는 내가 민감하게 반응할 만한 예시다. 그가 예로 든 것은 바로 프랑스 학술원의 전설적인 41번째 자리인데, 이 자리는 40개의 자리 중 하나에 선출되지 않은 모든 사람이 차지하는, 가장 수가 많고 가장 혁혁한 자리다. 후보였거나 입후보를 생각하지 않았던 이들, 이를테면 데카르트, 파스칼, 몰리에르, 루소, 디드로, 발자크, 스탕달, 플로베르, 보들레르, 베를렌, 졸라, 프루스트라든가, 요즘 사람으로는 르 클레지오, 파트릭 모디아노, 아니 에르노 같은 살아있는 프랑스인 노벨 문학상 수상자들이 그들이다. 머턴이 도입한 문턱, 혹은 문턱 효과는 문턱을 넘을 자격이 차고 넘치는데도 문턱 아래에 있는 사람에 비해, 선택된 사람에게 불균형적인 큰 이익(이 경우는 '불멸')을 주는 걸 가리키는 개념이다. 노벨상에도 41번째 자리가 있다. 수상의 영예를 누리진 못했으나 수상자들만큼 또는 그들 이상으로 학문의 발전에 공헌한 이들의 자리 말이다(콜레주 드 프랑스 재직 당시 나는, 더러는 정당한 이유 없이 탈락한 모든 후보자의 콜레주를 "가상 콜레주"로 명명하고 이에 관한 연구를 시작한 적 있다).

---

73) R. 머턴, "마태 효과. 과학의 보상과 커뮤니케이션 시스템에 대한 고려", 〈사이언스〉, 159권, 3810호, 1968년; "〈과학에서의 마태 효과, II. 누적적 이점과 지적 재산의 상징성〉", 〈이시스〉, 79권, 4호, 1988년.

그러나 노벨상과 학술원 회원 자리는 주로 고령자에게 수여되는 상징적 보상인 만큼 마태 효과의 가장 분명한 사례는 아니다. 스무 살에 경쟁시험에서 성공한 예가 훨씬 더 적절하다. 이른 시기에 뛰어넘은 문턱 덕에 한평생 이익을 축적할 수 있기 때문이다. 그래서, 그가 지닌 메리트의 지분이 어떠하든, 젊었을 때 그런 문턱을 뛰어넘어 마태 효과(내가 진로를 바꾼 게 정말 이 효과를 포기한 걸까?)와 관련된 누적 이익을 수십 년간 누릴 수 있게 된 모든 사람(나도 그중 한 명이다)은 운명의 여신들에게 덜 사랑받은 사람들에 대한 무거운 책임도 함께 물려받는다. 앞에서 말했듯이, 메리트는 '몫'을 뜻하는 그리스어 메로스méros에서 유래한다. 동사형 메리조mérizō는 '몫을 나누다'이나, 이 동사에는 메모르memor나 메모리아memoria에서와 같이 '기억하다'라는 다른 뜻도 있다. 메리트의 혜택을 보는 것, 몫을 인정받고 그 혜택을 누리는 것은 기억할 것을 요구한다.

한데, "있는 자에게 주고, 없는 자에게서 빼앗는" 마태 효과는 승자가 모든 것을 가져가는 승자 독식winner takes all 유형의 시장에서 더욱 강력한 힘을 발휘한다. 스포츠와 엔터테인먼트뿐만 아니라, 과학 연구에서도 그렇고 어느 면에서는 문화와 문학에서도 그렇다. 음악이나 패션의 세계에서는 마태 효과가 슈퍼스타 효과로 변한다. 재능의 작은 차이가 명성과 수입의 어마어마한 차이를 초래하기 때문이다. 때로는 운이 좋아서 애초에 미세한 이익을 누리게 된 자가 누적 이익 메커니즘과 '승자 독식' 원리에 의해 최고 수준의 성공으로 나아가게 된다. 1961년에 자신들의 브라이언 엡스타인[74]을 만나지 못한 리버풀의 다른 여러 밴드와 달리 비틀스가 누린 이익이 그러하고, 노래만으로 〈포브스〉지의 억만장자 명단에 오른 최초의 공연 예술가 테일러 스위프트도 그런 경우다(〈뉴욕타임스〉, 2024년 4월 3일자).

머턴은 이렇게 쓴다. "과학에 적용된 누적 이익 개념은 다양한 종류의 연구 기회와 그런 연구의 결과로부터 얻을 수 있는 상징적·물질적 보상이 소수의 과학자와 소수의 조직을 중심으로 축적되는 경향을 보이는 사회적 과정을 가리킨다." 연구 자금은 소수의 기관과 개인에게 집중되며, "가진 자와 못 가진 자"의 격차는 대책을 세우지 않으

---

74) 영국의 사업가이자 비틀즈의 매니저.(—옮긴이)

면 점점 더 커질 것이다.

자세히 논하진 않겠지만, 마태 효과가 초래하는 결과는 한둘이 아니다. 예를 들면, 교육과 연구에 대한 평가가 복잡해진다. 학교들 사이나 연구소들 사이의 비교는 성과 검토에 그칠 게 아니라 부가가치에 대한 평가도 포함해야 한다. 최고의 고등학교는 입학 때 학생들을 엄격하게 선발하여 그들을 전원 바칼로레아에 합격시킨 학교가 아니라, 중학교 졸업 때 운이 덜 좋았던 학생들을 바칼로레아에 많이 합격하게 만든 학교다. 좋은 환경에서 자란 학생들을 불균형적으로 많이 받아들이고 등급이 낮은 지원자들은 공립학교 쪽으로 걸러내는 방식으로 우위를 차지하는 사립학교들이 지금 여론의 도마 위에 올라 있는 건 그래서다. 종종 나는 콜레주 드 프랑스의 동료들에게 학교의 유일한 정당성은 우리를 더 나은 사람으로 만드는 것이지만, 그 사실 여부를 입증하기가 어렵다고 주장하곤 했다. 우리가 문턱을 넘은 후 누린 그 이점 덕분에, 이미 우월한 연구 환경의 혜택을 누렸으니 말이다.

문화에서도 마태 효과는 비록 스포츠, 엔터테인먼트, 패션 또는 과학에서만큼 극적인 왜곡을 일으키지는 않으나 결코 격차를 적게 벌린다고 할 수 없다. 공쿠르상 수상자는 최종심 경쟁자들(그에 못지않게 상을 받을 자격이 있거나 없는)보다 책이 수십만 부 더 팔리는 잉여 가치를 누린다. 머턴은 과학계에서 '가진 자와 가지지 못한 자' 사이의 불평등이 폭발적으로 증가하는 것을 막기 위한 대책이 마련되기를 바랐다. 그것은 브뤼노 라신이 "작가와 창작 행위"에 관한 2020년 보고서에서 한 말이기도 하다. 베스트셀러와 안 팔리는 책 사이의 갈수록 커지는 마태 효과를 바로잡자는 얘기 말이다.

마태 효과와 대칭을 이루는 '마틸다 효과'도 마저 언급하자. 이는 과학에 대한 여성의 기여를 걸핏하면 부정하거나 체계적으로 최소화하는 것을 가리키는 데 쓰이는 개념이다. DNA 구조 발견의 공을 크릭과 왓슨에게 빼앗긴 로잘린드 프랭클린의 경우라든가, 다운증후군 발견의 공을 독차지하려 한다며 제롬 르죈을 비판했던 마르트 고티에의 경우처럼, 여성 학자들이 이룬 연구 성과의 공은 종종 남성 동료들에게 돌아가곤 했다. 마틸다 효과는 문화와 문학 분야에서도 예외가 아닌 듯한데, 여성으로 태어난 사람들에게는 문학적 소양이 보상을 덜 해주는 것 같다.

역효과에서부터 마태 효과와 세렌디피티에 이르기까지, 머턴은 과학은 물론 다른 어느 활동에서든 탁월한 성취를 이루려면 시적 창의성이 꼭 필요하다는 것을 증명해준 증인이요, 필라델피아의 가난한 동네에서 '쉬콜닉'이라는 이름으로 태어나 생애 초기 어떤 특권도 누리지 못했던 완전한 계급 이탈자로서, 평범한 길에서 벗어나 벽을 뚫으려는 성향이 주는 성공 카드들을 실천한 장본인이다. 프루스트가 몽상가들, 늘 미루며 질질 끄는 사람들, '에이번강의 시인' 같은 이들에 대한 바쁜 사람들의 경멸에 항의하면서 예감했던 게 바로 그런 거다.

맨더빌·바스티아·머턴·보몰 등, 문학적 재능이 없었다면 우리가 잊어버렸을지도 모를 과학계의 시인들, 아마도 나는 그밖에 다른 많은 이들을 인용할 수 있을 테지만, 생전에 내가 알았고 존경해마지 않았던 또 한 사람의 계급 이탈자 앨버트 O. 허시먼만큼은 꼭 언급하고 글을 마치고 싶다. 1915년 베를린에서 태어나 1933년에 파리에 건너온 그는 미셸 드브레의 조언에 따라 파리고등상업학교(HEC Paris)에서 공부한 후 런던 정경대학과 트리에스테 대학에서 수학했다. 그 후 난민으로 마르세유에 은신했다가,

1940년 8월 거기에서 긴급구조위원회(ERC) 대표인 배리언 프라이를 맞이하고서 그의 조수로 활동하며 클로드 레비스트로스·앙드레 브르통·한나 아렌트 등 많은 지식인이 미국으로 망명할 수 있도록 도왔고, 그 자신도 1940년 12월에 미국으로 도피했다. 나는 컬럼비아 대학 도서관의 프라이 관련 문서철에서 당시의 프랑스 붕괴 상황에 대한 허시먼의 보고서를 하나 발견하고는, 그에게 그런 보고서가 있다는 것을 알려 주었다. 격동에 찬 일생의 저물녘에 이른 그는 그것을 전혀 기억하지 못했다.

허시먼은 탁월한 문학적 감수성을 지니면 사회과학 분야에서 어떤 우월한 성취를 이룰 수 있는지를 증명해주는 주요 저서를 적어도 세 권 집필했다. 그 첫 번째,《이탈, 목소리, 충성심. 기업, 조직, 국가의 쇠퇴에 대한 대응》(1970년)은 경제적·정치적·사회적 무질서에 대한 세 가지 반응—이탈 또는 탈퇴, 항의 또는 발언, 충성 또는 소비—을 분석한 책이다. 두 번째,《정념과 이해관계. 자본주의의 승리 이전에 등장한 자본주의에 대한 정치적 논변들》(1977년)은 맨더빌, 애덤 스미스와 경제적 자유주의에 영감을 준 17세기 프랑스 도덕주의자들의 사상을 되짚어보는 책이다. 세 번째,《반동의 수사학: 역효과, 무용, 위험》(1991년)은 사실 반동적이라기보다는 보수적인 수사학의 여러 주장을 되짚어보는 책인데, 특히 머턴과 부동Boudon의 역효과, 다시 말해 현상 유지statuquo에 우호적인 집단적 측면에서 구축된 위험에 대한 반감("네가 가지고 있는 하나가 네가 가지게 될 둘보다 낫다")을 가장 먼저 살펴본다. 즉 모든 개혁은 이점보다는 불편한 점(소위 '의도하지 않은 결과들')이 더 많을 위험이 있으므로, 지혜는 아무것도 바꾸지 말도록 권하며, 주의 원칙이 필요하다는 주장 말이다.

앨버트 허시먼은 시인이었다. 그는 또《경계 넘어서기》(2001년)라는 책을 출간하여, 많은 경계를 넘은 '매버릭maverick'[75])에게 만이 아니라 연구원, 작가, 아니 모든 사람에게 자기 자신의 확신을 배반하는 것, '자기 전복self subversion'을 실천하는 것이 꼭 필요한 일임을 역설했다. 역효과의 부동성과 자기실현적 예언의 안락함과 마태 효과의 만족감, 또는 '비용 질병'의 숙명론 따위 속에 숨지 않

---

75) 새뮤얼 오거스터스 매버릭Samuel Augustus Maverick의 이름에서 유래하여 일반 명사화한 영어로, 좋게는 창의적 혁신가, 나쁘게는 독불장군의 뜻으로 쓰인다.(―옮긴이)

고, 자기 자신과 자신의 인지 편향에 맞서서, "고정 관념에서 벗어나서" 사유하는 것이 얼마나 중요한지를 말이다. 닥터 아크워드Dr. awkward라는 이가 모은 앨버트 허시먼의 귀중한 소책자인 《노망난 줄들Senile Lines》, 그가 한평생 수집한 회문回文과 교착어법 말들을 모은 이 책자에 활기를 불어넣는 것도 말에 대한 사랑, "언어에 대한 감정"이다. 그는 "회고적 지혜the wisdom of hindsight"라는 친숙한 관점을 그 역逆인 "예견의 어리석음folly of foresight"과 동일시했다. 미래가 과거에 비추어 예견될 수 있다는 환상 말이다. 문학적 역량을 타고난 바쁜 사람이 책을 통해 배우게 되는 게 바로 이런 거다. 세상일은 결코 예상대로 되지 않지만, 그는 발(전략)을 바꿀 줄 알게 될 것이다.

문학에 바치는 오마주로, 프리모 레비의 책 《이것이 인간인가》에 실린 "율리시스의 노래"라는 장보다 더 아름다운 건 없다. 거기에는 아우슈비츠 수용자가 프랑스 청년 '피콜로'에게 이탈리아어를 가르치기 위해, 율리시스의 죽음을 이야기하는 단테의 《지옥》 제26곡을 회상하는 장면이 나온다. 그가 헤라클레스의 기둥들을 넘어가도록 일행을 격려하는 율리시스의 마지막 3행시("너희의 씨를 생각하라/ 너희는 짐승처럼 살도록 만들어진 게 아니라/ 미덕과 지식을 따르도록 만들어졌다")를 낭송하고 해설해주자, 피콜로는 그에게 한 번 더 낭송해달라고 부탁한다. "그 말들이 자신과 관계가 있다고, 고통받는 모든 사람, 특히 우리 같은 사람과 관계가 있다고 느꼈"기 때문이다. 단테의 시 〈빛나는 직관〉이 그들에게 그들의 수용소 경험에 관해 얘기해주는 것 같고, "어쩌면 우리의 운명에 대한, 우리가 왜 오늘 여기 있는지에 대한 설명을 담고…"[76] 있는 것 같아서 말이다.

---

76) 단테, 《신곡》, 갈리마르 출판사, '플레야드 총서', 207p; 프리모 레비, 《이것이 인간인가》(1947년), 포켓 출판사, 2009년, 177, 179p.

문학과 통계학

독서를 멈춘 바쁜 사람들의 혜안 부재에 대한 프루스트의 가르침에 따라, 내가 주장하는 논지는 최고의 경제학자나 사회학자는 문학적인 기질을 지닌 사람들이라는 것, 어쩌면 그들이 머턴이나 허시먼처럼 이야기꾼의 재능과 시인의 감수성을 지녔기에 최고가 되었다는 것이다. 수학자들(알렉산더 그로텐디크[77])나 콜레주 드 프랑스의 동료였던 알랭 콘 같은 이가 떠오른다. 스무 살 시절에 나는 우리 앞에서 춤을 추던 로랑 슈바르츠처럼 이 수학자들이 춤추는 것을 보았다)이나 물리학

---

77) 알렉산더 그로텐디크, 《추수와 파종. 수학자의 과거에 관한 성찰과 증언》, 갈리마르 출판사, 2022년, 총 2권.

자들도 마찬가지라고 생각한다. 인류학자, 역사학자, 철학자나 문학 평론가는 더 말할 것도 없다. 클로드 레비 스트로스·미셸 푸코·조르주 뒤비는 '플레야드 총서'에 들어가, 이전 세기의 샤토브리앙·미슐레·생트뵈브·토크빌과 나란히 있다. 작가들이었기 때문이다. 롤랑 바르트도 쇠이유 출판사의 비호를 받는 작가가 아니었다면 진작에 그들과 함께했을 것이다.

이런 모든 점을 고려해보면, 오늘날의 문학인들이 느끼는 불안이 내게는 부당하고 역설적인 것 같기만 하다. 문학은 '비용 질병'조차 없앨 수 없는 인간의 자연스러운 욕구다. 물론 더 잘 살고 돈을 더 잘 벌기 위해서라는 어느 정도 수긍이 가는 이유 때문이긴 하지만, 서사적·시적 역량의 추구가 그렇듯이, 문학에 대한 사회의 요구는 부단히 증가하고 있다. 어쩌면 문학인들은 문학이야말로 전능한 존재라는 사실을 다른 누구보다 늦게 알아차리고 발견하게 될지도 모른다. 마치 둘레는 어디에나 있고 중심은 어디에도 없는 신처럼, 또는 모든 것이 점점 더 수치에 의해 통제되는 사회 속의 통계학처럼 말이다. 한편에 숫자가 있고 다른 한편에 문자가 있지만, 삶은 둘의 접합 없이는 불가능하다.

30여 년 전, 컬럼비아 대학교에서 통계학과 폐과 문제로 경영진과 교수진이 오랫동안 논쟁을 벌였다. 이젠 별 쓸모가 없어졌다는 게 경영진의 견해였다. 더는 통계가 필요하지 않아서가 아니라, 오히려 정반대로, 통계학이 모든 곳, 모든 학과에 존재해서 말이다. 경제학자·사회학자·심리학자·생물학자·물리학자 들은 점차 화석화되어 가는 통계학과에 의뢰하는 대신 자체적으로 통계학자를 채용했다. 우리가 짐작할 수 있듯이, 이런 종류의 토론은 '아카데미 사람들' 간에 지속해서 나타나는 경향이 있다. 토론이 더욱 날이 선 건, 순수 수학자와 응용 수학자 간의 적대감 때문이었다. 하지만 누구도 만족시키지 못한 최종 결정은 통계학과를 없애는 것이 아니라 수학과에 통합하여, 응용 분야 외의 통계 연구라는 핵심 내용에 집중하게 하는 것이었다.

문학 연구의 상황도 이와 비교될 수 있을 것 같다. 대학들은 대부분의 인간 활동이 서사적·시적 차원을 지닐 수밖에 없다는 사실을 의식하게 되었다. 서사적·시적 능력이 프로와 아마추어를 막론하고 모든 분야에서 수행 능력을 향상해준다는 생각에 동화되었다. 이 적성, 문학적 소양이라는 건 사실 지난날 사람들이 문법 시간이나 시, 수사학 수업을 통해 입문했던 언어에 대한 감정, 말과 언어유희에 대한 사랑과 다른 무엇이 아니다. 그러니 일반·기술·직업 고등학교, BTS(직업 고등 교육) 및 IUT(기술대학), 공학 및 상업 전문대학, 법대와 의대를 막론하고, 모든 수준의 수업에서 문학을 가르치자. 그리고 은행가·건축가·외교관·미용사… 등에게 지속하는 평생 교육으로서 문학을 가르치자. 독서가 빗장이니 그들에게 책을 읽히고, 이야기 예술의 보편성을, 그 편재성을 깨우쳐주자. 셈만 알고 이야기를 할 줄 모른다면 아무것도 전달할 수 없고, 아무것도 설득할 수 없으니 말이다.

문학을 욕되게 한다고 사람들이 나를 비난할까? 문학을 응용하여, 그 가치를 낮추고, 골라 먹는 단품 서비스 같은 것으로 축소한다고? 문학을 실용적이고, 사대적이고, 임시방편적인 수단으로 만들고, 법·의학·생명 관련 보조 학문인 양 다른 과목에 종속시키려 든다고? 이러한 갈등은 철학자들 사이에서도 나타나고 있는데, 그들도 문학인들과 같은 요구에 직면해 있다. 어떤 이들의 눈에는 철학과 밖에서 철학을 가르치는 것이, 부당한 프로젝트는 아닐지라도 "반드시 철학 교육을 빈곤하게 만드는" 짓으로 비친다. "윤리를 배우고자 하는 의사들에게 그런 교육을 제공하는 건 철학을 하는 게 아니다!"[78]라는 식의 반대는 사실 우리에게 낯설지 않다. 아마추어들을 위한 철학이나 문학은 철학이나 문학이라는 이름을 받을 자격이 없다는 얘기다! 하지만 다른 철학자들이 보기에는, "의사들에게 강의하면서도 얼마든지 텍스트의 엄밀함을 유지할 수 있다." 종종 문학 전공이 아닌 학생들에게 문학을 가르쳤던 나는 사실 둘 사이에 차이를 두었던 적이 한 번도 없지만, 대학병원의 철학과 신임 교수들, 예를 들면 생트-안느 대학병원의 신티아 플뢰리 같은 교수는 옛 소르본 대학 출신 일부 동료들의 기분을 상하게 할 것 같다.

우리가 지금 위험하게도 문학을 통속화하고 있는가? 내가 통속화의 죄를 짓고 있는가? "문학이여, 얼마나 많은 죄가 그대의 이름으로 저질러지는가!" 내가 처음은 아닐

---

[78] 나탈리 브라프만, 니콜라 바일 공저, "철학의 새로운 고객들", 〈르 몽드〉, 2012년 6월 23일자.

테지만, 앞의 페이지들에서 내가 마치 과잉 투자를 하듯이 단어를 남용했다는 걸 나도 알고 있다. "문학이란 무엇인가?"라고 사르트르는 물었다. 고등사범학교 출신으로서, 내가 아는 건 저마다 나름의 독특함과 독창성을 지닌 나의 모든 책뿐이다. 내게 문학이란 나의 정신적 도서관을 구성하는 그 책들과 다른 무엇이 아니며, 나는 나의 독서 얘기를 하는 것으로 만족해 왔다. 게다가 내게는 지금처럼 이 단어를 무절제하게 사용하는 데 대한 변명거리도 하나 있다. 지난해, 아카데미 프랑세즈 자리를 수락하는 연설을 할 때, 나는 나 자신에게 한 가지 제약을 두었다. 조르주 페렉이 자신의 소설 《실종》에서 무성 'e'의 사용을 스스로 금했듯이, 나도 내 연설에서 '문학'이라는 단어를 금하기로 한 것이다. 그것은 "그 장소의 화려함"을 액땜하고, 학술원이 위치한 콩티 부두 특유의 전염성 있는 정서인 장광설을 피하고, 문학이 "세상을 구원할 수 있다"라고 주장하고픈 유혹을 떨쳐버리기 위함이었다. 지금은 학술원에서 멀리 떨어진 이곳에서 나 혼자, 글쓰기와 독서가 허용하는 나 자신과의 밀담 속에서, 나는 벌충하듯 이 단어를 들먹이고 있지만, 명심하시라, 문학은 내가 내일 읽을 매일매일의 책이라는 것을. "이보시오, 내 나이에 책이란 더는 읽는 게 아니라, 다시 읽는 거라오!"라고 외친 학술원의 옛 선배인 가엾은 루아예-콜라르처럼, 책에 흥미를 잃어버리게 되는 일이 없기를 바라면서 말이다.

놓친 기회

한데 후회되는 것이 하나 남아 있다. 문학에 대한 투자에서 한 가지 중요한 감각을 빠트렸다는 걸 깨달았다. 지금까지 나는 작가들의 관점은 짧게, 독자들의 관점은 비교적 길게 다루었다. 그 이유는 너무나 취약한 독서야말로 전투의 핵심 요소요, 좋고 나쁜 것 가리지 않고 모든 수단을 동원해 구해야 하는 것이기 때문이었다. 한데 책에 돈을 투자하는 사람들, 수집가들, 서적 애호가들, 자크 게렝, 다니엘 시클, 피에르 베르제 같은 사람들, 그 모든 퐁스[79] 사촌들 얘기를 깜박 잊어버렸다. 다시 한번 프루스트 얘

---

79) 발자크의 《사촌 퐁스》 주인공인 골동품 수집가.(—옮긴이)

기를 해보자. 그는 자신의 장서를 따로 관리하지 않고 필요할 때면 친구들의 책을 빌려서 읽곤 했는데, 그래서인지 그는 《되찾은 시간》에서, 그의 화자가 '가면무도회'를 앞두고 게르망트 대공의 서재에서 초조히 기다리고 있을 때, 그 화자가 소중하게 여겼을 책은 아주 희귀한 책이 아니라 자신이 처음으로 읽은 좋아하는 작품이 실린 책이었을 거라고 주장한다. 이를테면 콩브레에서, 저녁 식사를 하러 온 스완이 그의 키스를 거절했던 그 운명적인 저녁, 그의 어머니가 할머니께서 다음 날 그에게 주려고 했던 선물을 보여주며, 2~3천 쪽이나 되는 책을 미리 펼쳐놓고는 그에게 머리를 맞대고 읽어주었던 《사생아 프랑수아》[80] 같은 작품이 실린 책 말이다.

내게 도서 수집 취미가 전혀 없었다는 건 나 역시 책이나 원고 수집가는 아니라는 사실을 말해준다. 1980년대 초에 프루스트의 작품 연구를 시작했을 때, 나는 종종 호텔 드루오[81]로 가서 매물로 나온 편지나 페이퍼롤을 살

---

80) 조르주 상드의 1848년 단편 소설.(— 옮긴이)
81) 'Hôtel des ventes Drouot'의 약칭으로, 경매와 미술품 거래 전문 프랑스 지주사.(— 옮긴이)

펴보곤 했다. 하지만 참 바보스럽게도, 나는 그때는 그걸 하나라도 사야겠다는 생각을 떠올리지 못했다. 당시만 해도 값이 얼마 되지 않아, 돈을 좀 빌려 몇 점을 살 수도 있었고, 빚을 내지 않고도 한두 점은 어렵잖게 살 수 있었을 것이다. 그랬다면 투자 수익이 높았을 것이다. 그 후 40년 동안 시세가 엄청나게 상승했다. 자필 문서 시장은 주식 시장보다 시세 상승이 더 가팔랐는데, 특히 프루스트의 자필 문서들이 그랬다. 두 자릿수 수익률을 약속하며 편지와 원고를 공동 소유로 인수하는 공동투자 펀드가 등장하기도 했다. 하지만 그 상품은 위험했고, 투기 거품은 곧 꺼졌다. 문학 원고는 안전하고 확실한 투자가 아니다. 물론 시나 독서도 마찬가지지만.

수십 년 동안 나는 많은 딜러와 수집가·은행가·변호사·사업가 들을 자주 만났는데, 그들은 모두, 프루스트가 일부 바쁜 사람들의 특별한 자질을 인정해줄 때 언급했던 소위 "글을 아는" 사람들이었다. 그들은 내게 자신들의 보물을 보여주었고, 나는 몹시 조심스러워하는 그들의 시선 아래에서 그 보물들을 열람했다. 2015년 봄날 아침, 보나파르트 거리에 있는 피에르 베르제의 어두컴컴하고 마법

같은 작은 서재에서 그와 함께 보낸 시간을 떠올리면 지금도 감동을 금할 수 없다. 그는 책들을 서가에서 하나씩 뽑아내 조심스럽게 펼쳐 보이곤 했는데, 60년 전 그가 사환으로 일할 때 처음 샀던 책들부터 시작해 그 책들의 역사를 잘 알고 있었으며, 책 얘기를 들려주는 그의 어조에는 애정이 깃들어 있었다. 거친 사람이라는 평판 때문에 처음에는 만나기를 거부했으나 막상 만나보니 그는 놀라울 만큼 온화한 사람이었다. 프루스트의 직관을 확인해주듯, 이 바쁜 사람을 그의 분야에서 독보적인 존재로 만든 건 바로 그의 문학적 소양이었다.

그런 그가 자신의 보물들을 매물로 내놓으려고 했다. 자신의 책들을 경매에 부치면서, 내게 카탈로그의 서문을 써달라고 부탁했다. 벌이가 변변찮은 교수와 큰 사업가, 문고판 중독자와 값비싼 문헌 소유자, 우리 둘 사이의 차이는 모든 면에서 이보다 더 클 수 없었다. 그래서 나는 마음이 영 개운치 않았고, 어쩌면 그는 그래서 기분이 즐거운 것 같았다. 그의 눈엔 내가 초짜로 비쳤을 테니 말이다.

그는 거의 모든 책을 팔았다. 하지만 또 사들이기도 했는데, 이 엇갈리는 두 마음은 그가 자신의 악덕을 영원히

버리지 않으리라는 걸 증명했다. 얼마 전에 그는 고물상 인생의 마지막 꽃다발인 양, 1913년 12월 프루스트가 뤼시앙 도데에게 선물한 일본 종이 인쇄본《스완네 집 쪽으로》와 작가가 자신의 이 옛 연인에게 바친 육필 헌사를 입수했다. 1940년대에 급하게 돈이 필요해진 도데가 어쩔 수 없이 매물로 내놓았었고, 최근에 공개 경매에 부쳐진 책이었다. 도데에게 바치는 헌사까지 '들어있는' 그 귀중한 판본이 2018년 12월로 예정된 피에르 베르제 장서 4차 경매에 모습을 드러내게 된 것이다. 나는 그 책을 어루만져보기까지 했지만, 2015년의 1차 경매용 카탈로그 서문에서는 그 책의 존재를 언급할 수 없었다. 그 경매에는 그 책보다 가치가 덜한《잃어버린 시간을 찾아서》제1권 한 부가 매물로 나왔는데, 그 책의 존재로 인해 이 매물의 가치가 떨어져서는 안 되기 때문이었다.

얼마 전에 세상을 떠난 위베르 엘브론의 집에 가서도 나는 똑같은 긴장감을 느꼈었다. 내가 좋아했고, 여러 전시회 때 더없이 소중한 자신의 소장품들을 아낌없이 내게 빌려준 고마운 분이었다. 그는 소장품의 대대적인 경매 행사를 준비하는 와중에도 내게 자신의 보물들을 보여주곤 했는데, 그것들을 함부로 처분할 생각은 꿈에도 하지 않았고, 죽는 날까지 책 사들이는 걸 멈추지 않았다.

어쨌거나! 만약 내가 40년 전부터 소주주처럼 책에 투자했다면 아마 지금쯤 부자가 되었을 것 같은데, 그런 측면에서는, 적어도 나에게는, 문학이 그리 돈벌이가 되지 않은 셈이다.

"염려 말아요, 우린 언제든 다시 만나게 될 테니까!"

프루스트는 글을 아는 엔지니어와 교양 있는 법관들을 다른 사람들보다 우월한 존재로 만드는 것, 문학적 소양을 갖춘 은행가나 기업 임원들을 독보적인 존재로 만드는 것이 무엇인지 분명히 밝히지는 않았다. 또한 그것은 그가 뭔가 반어적 의미로 한 말일 수도 있다. 하지만 마지막으로 한 번만 더 그에게 되돌아가 보자. 바쁜 사람들에 대한 그의 항의와 독서 옹호론이 서술된 《소돔과 고모라 II》는 1922년 4월 말에 출간되었다. 그가 자기 자신과 문단에서의 자신의 위치를 확신하던 때다. 그는 1919년 12월에 《꽃핀 소녀들의 그늘에서》로 콩쿠르상을 받았다. 장 콕토·프랑수아 모리아크·폴 모랑·앙드레 모루아·자크 드 라크르

텔·알베르 코헨·필립 수포 등, 일단의 젊은 작가들이 그를 경배한다.《소돔과 고모라 II》를 발표하고 나서 6개월 후에 사망하지만, 생의 마지막 2년은 그의 문학적 야망을 가득 채워주었다. 그는 자신이 프랑스에서는 물론 외국에서까지 널리 인정받는 대작가임을 안다. 그가 죽은 지 한 달이 채 지나지 않아, 자크 리비에르가 〈라 누벨 르뷔 프랑세즈〉(이 잡지 출판부는 1912년에 그의 원고《스완》출판을 거부했었다)의 묵직한 헌정호를 그에게 바쳐 경의를 표한다. 모리스 바레스·베르그송·앙드레 지드·발레리·안나 드 노아여 등등이 만사 제쳐놓고 리비에르를 본받는다.

그러니까 1922년의 프루스트는 뭐든 할 수 있었다. 그 1년 전에 나온《소돔과 고모라 I》은 샤를뤼스가 게르망트 저택 안뜰에서 쥐피앙을 유혹하는 장면이 나오는 작품이지만, 별 탈 없이, 어쨌든 적어도 큰 스캔들은 일으키지 않고 넘어갔다. 그는 자신을 셰익스피어─어차피 바쁜 사람들은 그의 '공부하는 여가'도 존중하지 않았을 테지만─같은 존재로 여기지는 않으나, 권위 있게 그들을 훈계하고, 몽소 평원의 살롱들에서 자주 만났던 부르주아들의 무지와 저속함, 자기도취를 조롱한다. 그들은 그를 "문단의 젊은 건달" 취급을 했었다. 콜레트는 《파리의 클로딘》에서 그를 그렇게 표현했으나, 윌리가 그것을 "문단의 미소년"으로 수정했다(하지만 콜레트는 나중에 그의 재능을 알아보고, 그의 《스완》에 푹 빠지게 되며, 두 사람은 1919~1922년 사이에 주고받은 편지들에서 서로를 예찬해 마지않는다). 그래서 그는 자신의 소설을 읽을 리 없는 그 무지한 바쁜 사람들에게, 그들이 문학적 무능 때문에 직업의 정점에 이르지 못하게 되리라는 점을 상기시켜주며 그들에게 복수하는 것이다.

그들 중 바보가 아닌 사람들, 과연 그들은 예술에서 무엇을 발견했고, 문학에서 무엇을 깨달았을까? 그들이 다른 사람들보다 더 잘 성공하는 이유는 무엇일까? 그것이 차별성이나, 기교, 풍채, 요령, 태생적 특권의 문제일까? 아니면 "사심 없는 교양"에서 우러나는 창의성, 자신감, 영감의 문제일까? 그것들 덕에 다사다난한 삶의 길에서 마주친 재수 좋은 우연을 알아차릴 수 있어서? 문학적 소양이라는 것, 책을 자주 접함으로써 습득하는 이 제5의 감각은 사건을 맞이하고, 기회를 인식하고, 나아가 어떤 '마태효과'의 혜택을 누리도록 북돋는 '우발적 직감_{直感}'과 다르지 않다.

그것 덕분에 우리는 거리를, 도시를, 삶을, 좀 더 초연하게 건너갈 수 있게 해주는 것들을 발견하게 된다. 이를테면《잃어버린 시간을 찾아서》가 표명하고자 한 다음 같은 심리적 대 법칙들이 그렇다. 즉, 우리는 결코 타인을 그 자체로 사랑하지 않는다거나, 부나 직업적인 성공에 대한 야망을 포함, 욕망은 우리의 눈을 멀게 하는 주관적 환상이라거나, 뭔가를 너무 욕망하는 것은 그것을 얻지 못하는, 혹은 그것이 거품처럼 사라지는 것을 보게 되는 지름길이다, 등등.

글을 아는 사람은 덜 자기애적이고, 더 거리를 두는 편이고, 좀 더 비딱하고, 자기 자신에게 덜 속고, '자기기만 self-deception'이 덜한 편이다. 글을 아는 법관, 교양 있는 정치가, 시인 외교관은 인생에서 운의 역할, 경력의 상대성, 조언과 사건의 유희, 우연과 영감 등을 좀 더 잘 안다. 그들은 자신에게 굴러들어온 운을 이용하고, 게임에서 찾아내는 승리 수단을 활용하는 데 더 능하다. 그들은 쥘리앵처럼, 파브리스처럼, 뤼시앙처럼, 결코 너무 과하게 욕망하지 않기 때문에, 게임을 즐기기 때문에 성공한다.

한데… 코타르 박사, 그는 교양·요령·영감이 절대적으로 부족한 사람이다. 그는 의학에 푹 빠져 사느라 자신을 연마할 시간을 내지 못했다. 어느 날 그는 욕망의 좌절을 맛보지만(그로서는 샤를뤼스 남작이 과대망상에 빠져 모렐 연대의 한 장교와 싸운다고 상상한 결투에 남작 측 증인으로 봉사하는 게 무척 기분 좋은 일이었을 것이다), 그런 그도 어쨌든 자신이 요령을 아는 사람이요 베르뒤랭 가에 자주 드나든 덕에 처세술이란 걸 조금은 터득했음을 증명해 보인다. "어느 순간 그는 화를 내고도 싶었지만, 그의 스승 중 한 분, 의료인으로서 당대의 가장 화려한 경력을 가진 그 스승이 난생처음 단 두 표 차로 아카데미 회원으로 선출되는 데 실패했을 때, 불운에 굴하지 않고 용기를 내어, 선출된 경쟁자의 손을 잡아주러 간 일을 떠올렸다."

"가장 화려한 경력"을 쌓았던 그 스승의 용기를 떠올리며 불운에 굴하지 않고 용기를 내는 것, 인생을 거는 것, 인생을 하나의 이야기처럼, 드라마처럼, 반등의 연속처럼 사는 것, 거기에 교훈이 있다. "염려 말아요, 우린 언제든 다시 만나게 될 테니까!" 주인공이 기회를 놓쳐버렸다고 생각하던 어느 날 저녁, 알베르틴은 주인공에게 그렇게 말한다. 인생은 돌고, "우린 언제든 다시 만나게 된다." 코타르 박사, 길 양쪽을 살펴보지 않고 길을 건너는 타입이 아닌 그조차도, 스승의 교훈 덕에, 조금은 높이 올라서서, 핸들을 늦출 줄 아는 사람이 된다. 글을 아는 사람은 자기 삶의 저자다. 문학과 독서, 둘의 응집체인 문학적 소양은 기다릴 줄 아는 사람들에게 늘 보상을 안겨준다. "그것은 이득을 늦게 보는, 하지만 아주 큰 이득을 보게 해주는 투자다."

옮긴이의 말

문학, 왜 해야 하는가?

2006년 콩파뇽은 콜레주 드 프랑스 교수 취임 기념 특별 강연에서 문학을 왜 하느냐고 물었다(《문학, 왜 하는가?》, 파야르 출판사, 2007년). 과거에는 하나의 언어, 하나의 문학, 하나의 문화의 구성적 단일성이 당연시되었고, 이 단일성을 구성하는 줄기로서의 문학이 그 존재 이유를 의심받는 일은 없었으나 이제 더는 그렇지 않은 것 같고, 문학보다는 오히려 음악이나 영화, 드라마가 더 효율적인 문화 수용 기제로 여겨지기도 하니, 이제는 문학도 스스로 자신의 존재를 정당화해야 하지 않겠느냐는 것이다. 그로부터 이십여 년의 세월이 흘렀다. 그 사이 그는 콜레주 드 프랑스 교수직에서 퇴임(2021년)했고, 지금은 세계 곳곳을 누비며 사람들에게 문학과 독서의 유용성을 설파하는 문화 전도사로 활발하게 활동하고 있다. 이 책은 여러 해에 걸친 그런 활동의 결실이다.

그래서 이제 더는 '문학, 왜 하는가?'가 아니라, '문학, 왜 해야 하는가?'다. 과거의 물음이, 문학의 내재적 가치에 매몰되어 대중을 도외시해서는 안 된다며 문학인들의 자성을 호소하는 성격을 지녔다면, 이 책에서 그가 던지는 물음은 일반 대중에게 호소하는, 그들을 문학으로 초대하는 물음이다. 문학을 왜 해야 하는가? 문학이 어떤 쓸모가 있어서, 우리의 삶에 어떤 도움이 되기에 해야 하는가? 문학적 소양을 쌓으면 남들보다 '경쟁 우위'에 설 수 있고, 더 잘 성장하고, 더 많은 걸 얻고, 인생에서 더 크게 성공할 수 있는가? 저자는 그렇다고 생각한다.

그러니까 이 책은 문학과 독서를 예찬하고 문학적 소양이 우리 삶에 베푸는 혜택을 예찬하는 책이다. 소제목들이 하나같이 참으로 매력적이지만, 일견 두서없어 보이는, 내키는 대로, 산만하게 막 써나간 듯한 이 책의 흐름에 조금은 당혹감을 느낄지도 모를 독자들을 위해, 전체 내용을 간략하게 요약해 보도록 하자.

이 책은 크게 전반·중반·후반의 3단계로 나뉘어 전개되는 것 같다. 전반부는, 문학을 바라보는 오늘날의 패배주의적 시선과 냉소적 태도에 대한 비판적 성찰, 그리고 문학 교육의 참담한 현실에 대한 냉철한 관찰이 주된 내용이다. 저자는 우선 "문학은 죽었다"라고 외치는 패배주의의 확산을 경계하자는 제안으로 시작하여, 팔리지 않는 문학, 실생활에 도움 되지 않는 문학은 아무 쓸모 없는 문학이라는 한 작가의 주장을 쟁점화하고는, 문학은 쓸모를 따지기 이전에 인간의 태생적 욕구요 인간은 문학 없이 살 수 없는 존재라는 사실과, 진정한 삶 즉 자아실현이 가능한 참된 삶은 오직 문학을 통해서만 가능하다는 프루스트의 생각 등을 원용하여 그런 주장을 반박한다. 그러곤 오늘날의 중등 및 고등 교육과정에서 문학 수업이 어떤 이유로, 어느 정도까지 천덕꾸러기 신세로 전락했는지를 검토한 후, 이렇게 사회에서 의문시되고 학교에서 외면당하는 문학의 '쓸모'를 과연 우리가 구제할 수 있을지 자문한다. 문학을 경멸의 눈으로 바라보는 시선들에 대한 그의 비판적 고찰은 책의 3분의 1가량이 흐른 지점(《바쁜 사람들은 틀렸다》)에 이르러서야 대략 마무리가 된다.

이후부터 저자는 본격적으로 이 책의 중심 주제에 뛰어든다. 핵심 질문은 이렇다. "충분한 문학적 소양을 갖추면 모든 활동에서 경쟁 우위를 갖는 어떤 특별한 기술적 역량을 얻고, 나아가 사회적 역량까지 획득하게 될까?"(《요령과 차별성》) 하지만 문학과 독서의 쓸모, 소위 '문학적 소양'이 실생활에서 우리에게 어떤 이익을 가져다줄 수 있는지에 대한 본격적인 논의를 펼치기에 앞서, 그는 문학적 소양이라는 이 남다른 역량, 이 '차별성'에 대한 부정적 시각부터 검토한다. 프랑스에는 문학적 소양을 기득권층이 누리는 특혜, 일종의 '문화 자본' 같은 것으로 보는 시각이 있고, 그런 시각이 프랑스 문학 교육의 방향을 왜곡시킬 만큼 컸다고 보기 때문이다. 그는 자기 개인의 삶과 프랑스 사회의 변화를 돌아보면서, 문학적 소양이라는 이 차별성, 이를 얻기 위한 야망과 노력과 성취를 부정적으로 보고 내치는 것이 과연 옳은 일인지 반문한다.

이 막간의 중간 성찰 같은 몇 장에 이어 펼쳐지는 후반부 내용은 문학과 책과 독서에 대한 본격적인 예찬의 연속이다. 문학 학과의 울타리에서 벗어나 지금 사회 전방위적으로 확산 중인 문학 예찬(《모두를 위한 문학》, 〈레호보스 비치〉), 전자책이나 오디오북이 감히 넘볼 수 없는 종이책과 독서 예찬(〈마법의 평행 육면체〉, 〈귀가 읽는다〉, 〈독서는 건강에도 이롭다〉), 시인들이 베푸는 은혜, 문학적 소양이 우리 삶에 베푸는 은혜 예찬(〈자기 삶의 저자 되기〉, 〈문학은 어디에나 있다〉, 〈시인들의 은혜〉, 〈마태 효과〉) 등. 이 연이은 예찬은 문학과 독서의 기본인 느림과 기다림에 대한 예찬(〈염려 말아요, 우린 언제든 다시 만나게 될 테니까〉)으로까지 이어져 끝을 맺는다.

콩파뇽은 문학 교육자·비평가·작가로서, 일생을 문학에 바친 사람이다. 미국(컬럼비아 대학교)과 프랑스(소르본 대학, 콜레주 드 프랑스 등)에서 오랜 세월 동안 문학을 가르치며 수십 권의 연구서를 출간했고 그 공로를 인정받아 프랑스 학사원 회원으로 선출된 대학자요, "~와 함께하는 여름" 시리즈를 집필하여 프랑스에서는 대중적으로도 크게 성공한 유명 작가이기도 하다. 이 책에는 문학이 처한 현 상황에 대한 냉철한 관찰과 분석이 있고, 문학 교육의 올바른 방향에 대한 깊은 성찰이 있으며, 문학과 독서의 밝은 미래를 내다보는 낙관도 있다. 문학의 힘, 책과 독서의 효용, 문학적 소양이 우리 삶에서 갖는 중대한 의미에 대한 그의 믿음은 속도 숭배가 극에 달한 이 디지털 기술의 시대에도 흔들리는 기미가 전혀 없다. 흔들리기는커녕, 문학은 바로 그런 반시대적 특성(느림) 덕분에 이 속도 숭배의 시대에 오히려 새로운 르네상스를 맞고 있다고 믿는 것 같다. 나는 문학과 독서의 미래에 대한 이 노학자의 낙관에 특히 공감이 간다.

그가 제기하는 디지털 시대의 독서 문제, "더는 지속적이지도, 오래 가지도, 강렬하지도 않으며, 간헐적이고, 꿀을 따듯이 하고, 빙빙 겉돌고, 징발하듯이 하는" 이 시대의 독서 문제와 관련하여, 나의 '독서 지도사' 경험을 전하며 글을 맺고 싶다. 사실은 나도 여러 해 전부터 대학에서 학생들과 '고전 명저 읽기'(밀란 쿤데라의 소설들)를 함께 하며, 갈수록 퇴보하는 듯한 학생들의 독서 능력에 우려를 품은 적이 있어서다. 학생들의 작중 인물 발표를 듣다 보면, 때로는 《농담》의 야로슬라프가 몽상가라는 사실조차 인지하지 못하고(6부 '야로슬라프'를 펼치면 첫 문장부터 야로슬라프의 몽상 속 풍경이 펼쳐지나 그것이 가상의 풍경인 줄 모른다), 《참을 수 없는 존재의 가벼움》의 프란츠가 사비나에게 매혹되는 이유를 감지하지 못하며(프란츠의 행동을 설명하는 핵심어 키치가 책 전체에 분산되어 배경음처럼 울리기 때문이다), 루벤스와 관련해서는 이 인물의 일생을 얘기하는 부(《불멸》 6부) 전체가 하나의 거대한 유머임을 알아차리지 못하곤 한다. 왜 그럴까?

모든 소설이 그렇지는 않겠지만, 어떤 소설들은 고도의 정보 종합 능력이 요구되며, 그래서 느리게, 책 속에 흩어져 있는 여러 세부 사실이 머릿속에서 함께 울리게 하며 읽어야 한다. 다성적多聲的이고, 불연속적이고, 서로 무관한 듯 보이지만 하나의 동일 주제로 얽혀 있는 그 복합적 구성 때문에 그렇다. 그런 소설을 '숏폼'을 소비하듯이 읽고, 삶을 또 그렇게 읽으려 들면 어떤 일이 벌어질까? 유머를 유머로 인지하지 못하고, 몽상과 현실을 구분조차 하지 못한다면? 그저 여기저기에서 단편적으로 주워듣는 자극적인 짧은 단언들로 타인과 세상을 판단하게 되지는 않을까?

한 학기 동안의 '공유 독서'를 마무리하면서 우리는 그것이 숏폼의 폐해라는 데 공감했다. 숏폼이 이 시대의 지배적인 문화 소비 행태가 되어간다는 얘기가 들린다.(〈동아일보〉 기사 "숏폼에 중독된 사회… 내성 쌓인 뇌, 충동 조절 약화" 등, 참조) 문화를 소비하는 두 방식으로서 책 읽기와 숏폼

시청. 느림과 속도 면에서, 소위 '시성비' 면에서, 이 둘은 극과 극으로 대립된다. 하지만 우리는 이 둘의 관계가 대립적이기만 한 게 아니라 상보적일 수도 있으리라는 인식도 공유했다. 속도 가속의 결정체인 숏폼은 문학을 위협하는 것임과 동시에, 역으로, 일종의 방어기제 같은 독서의 필요성과 중요성을 새삼 자각시켜 주는 것일 수도 있다고 말이다.

어떻든 우리는 '숏폼에 중독된 사회'에서 책이야말로 이 중독에 대한 최고의 치유책이라는 사실에 공감했다. 물론 그것이 우리만의 공감일 리는 없을 터다. 아니나 다를까, '그들'이 돌아온다는 얘기가 들린다(기사 "이런 시대가 오는구나… 최근 1020세대 중심으로 확산 중인 아주 뜻밖의 '문화'", "'텍스트힙' 문학 읽는 1020세대 늘었다… 리뷰·독서 모임도 급증" 등 참조). 그러니 너무 걱정하지 말자. 그들은 늘 돌아올 테니까. 이 책의 마지막 말처럼, 우리는 언제라도 다시 만나게 될 테니까.

2025년 2월,

김병욱

문학의 쓸모

첫판 1쇄 펴낸날 2025년 4월 17일
첫판 4쇄 펴낸날 2025년 6월 4일

지은이 | 앙투안 콩파뇽
옮긴이 | 김병욱
펴낸이 | 박남주
편집 | 박헌우
마케팅 | 김이준

펴낸곳 | (주)뮤진트리
출판등록 | 2007년 11월 28일 제2015-000059호
주소 | 서울시 마포구 토정로 135 (상수동) M빌딩
전화 | (02)2676-7117 팩스 | (02)2676-5261
전자우편 | geist6@hanmail.net
홈페이지 | www.mujintree.com

ⓒ 뮤진트리, 2025

ISBN 979-11-6111-145-2 03860

* 책값은 뒤표지에 있습니다.